ハヤカワ文庫 NF

〈NF490〉

哲学のきほん

七日間の特別講義

ゲルハルト・エルンスト
岡本朋子訳

早川書房

7953

DENKEN WIE EIN PHILOSOPH

Eine Anleitung in sieben Tagen

by

Gerhard Ernst

Translated by
Tomoko Okamoto
Published 2017 in Japan by
HAYAKAWA PUBLISHING, INC.
This book is published in Japan by
arrangement with
VERLAGSGRUPPE RANDOM HOUSE GMBH, MÜNCHEN
through MOTOVUN CO. LTD., TOKYO.

目　次

もしまた私が、人間の最大幸福は日毎に徳について、ならびに、私が自他を吟味する際それに触れるのを諸君が聴かれたような諸他の事柄について語ることであって、魂の探究なき生活は人間にとり生甲斐なきものである、というならば、私の言葉は諸君にいっそう受取り難いであろう。諸君、それにもかかわらず、それは私のいう通りなのである。ただしかしそれを諸君に信じさせることが容易でないのである。

プラトン、ソクラテスの弁明　二八a

〔『ソクラテスの弁明』、岩波文庫、久保勉訳、61頁〕

「ただし適度とは、ソクラテス」とグラウコンが言った、「このような議論を聞く場合には、理をわきまえた人々にとっては全生涯をかけるのが適度というものではありませんか。……」

プラトン、国家　四五〇b

〔『国家（上）』、岩波文庫、藤沢令夫訳、341頁〕

哲学することなく生きることは、まさに目を閉じたままけっして開こうとしないことです。そして、われわれの視野に捉えられるすべての事物を見る喜びも、哲学によって発見される事物の認識が与える満足に比べれば、まったく問題になりません。

ルネ・デカルト、哲学原理

〔『哲学原理』、ちくま学芸文庫、山田弘明ほか訳　13頁〕

だからおよそ哲学者となろうと欲する者は、自己の理性を自由に使用して、たんに模倣的な仕方で、いわば機械的に使用することがないよう訓練しなければならない。

イマヌエル・カント、論理学

〔『カント全集17　論理学・教育学』、岩波書店、湯浅正彦、井上義彦訳、31―32頁〕

哲学することができないような者が哲学者を自称することはまったくできない。だが哲学することは、理性を訓練して自己自身で使用することによってしか学ばれることができない。

イマヌエル・カント、論理学

〔『カント全集17　論理学・教育学』、岩波書店、湯浅正彦、井上義彦訳、36頁〕

哲学することを学ぼうとする者は、哲学の体系のすべてを理性の使用の歴史とのみ見なし、自己の哲学的な才能を訓練するための客観と見なしてよい。

イマヌエル・カント、論理学

〔『カント全集17　論理学・教育学』、岩波書店、湯浅正彦、井上義彦訳、36頁〕

「哲学をやってもはじまらない」というのは全く正しくまことに結構である。ただまちがいは、これで哲学に対する判断は終わったと思うことである。じつはこれで終わったわけでなく、まだこのあとに短い補足がつく。その補足というのは次のような反問の形をとっている。すなわち、いまかりにわれわれは哲学に関わっているのだとして、さてわれわれが哲学を学んでもはじまらないと言うのはもっともだけれど、結局哲学の方もこんなわれわれと関わっていてもはじまらないのではなかろうか？　と。

マルティン・ハイデッガー、形而上学入門

〔『形而上学入門』、平凡社ライブラリー、川原栄峰訳、29―30頁〕

哲学のきほん

七日間の特別講義

月曜日　どう生きていくか？

象牙の塔へようこそ

読　者　なんて白い壁！

哲学者　きれいだろ。ここの壁はみな象牙でできている。

読　者　それはすごい。そのうえここは見晴らしも最高ですね。こんなふうに世界を上から眺めると目がくらみます。

哲学者　まあ、そんなのは今だけの話だ。二、三日も経てば目が慣れて世界全体を見渡せるようになる。

読　者　ここは最上階ですか？

哲学者　とんでもない。一階だ。「象牙の塔」は一階がすでに高い位置にあるからな。まだまだ上には上がある。
読　者　あなたは最上階に住んでいるのですか？
哲学者　いや、私の部屋は二階だ。
読　者　それにしても僕はいったいどうやってここに来たんだろう？
哲学者　どうって、哲学の本を開いたからだ！　さあ、ここに来たからには、私の誘いを受けてくれるのだろうな。
読　者　いったい何に誘いたいのですか？
哲学者　一週間、私と一緒に哲学の話をしないかね。
読　者　いいですね。実は僕はずっと前から「哲学とは何か」を知りたいと思っていたんです。まあ、あなただってそれはおわかりですよね。哲学に興味がなければこの本を開いたりはしませんから。
哲学者　もちろん、君は哲学に興味があると思っていた。だが哲学の話をはじめる前に、もう少し君自身のことを話してくれないか。
読　者　残念ながらそれはできません。そもそも、なぜ僕のことをきくのですか？
哲学者　それは、まあ、いろいろな人と哲学の話をしたいと思っているからだ。

読　者　たとえば？

哲学者　たとえば、君は大学で哲学を専攻しようかどうしようか決めかねている高校生かもしれないし、哲学を少し真剣に学んだら楽しいかもと考えている定年退職した元英語教師かもしれない。

読　者　ありえますね。

哲学者　あるいは、物理学が深いところで哲学とつながっていると信じて哲学の思考法を一度本格的に学びたいと考えている物理学者かもしれない。もしかしたら、それと似たような考えをもつ心理学者かもしれない。

読　者　その可能性も十分ありますね。

哲学者　それとも、哲学が人権運動を擁護するという考えに確信をもてないでいる人権活動家か、政策の明確な基盤づくりのために哲学を学ぼうと考えている政治家かもしれない。とにかく、私はいろいろな人と哲学の話がしたいのだ。

読　者　じゃあ僕が人生の意味を探し求め、それが哲学の本の中になら見つかるかもしれないと考えているだけの人間だとしたら？

哲学者　それでも私は君を歓迎する。君はこれまで哲学を学んだことはほとんどないようだが、今は真剣に「哲学そのもの」について知りたがっているように見えるからな。

読　者　「哲学そのもの」って？

哲学者　だから、今からそのことについて真剣に話し合うのではないか。とは言っても、有名な哲学者についての逸話を並べたり、この哲学者はこう言っているがあの哲学者はああ言っていると話すだけのつまらない対話はしたくない。君には主な哲学的思考法の本質を知ってもらいたい。つまり、「哲学者のように考えるとはどういうことか？」をより深く理解してもらいたいのだ。そこで一週間、哲学が投げかける問いについて自分の頭で考えられるよう、君を指導するつもりだ。

読　者　それはおもしろそうですね。でも、たった一週間でそこまでできるんですか？

哲学者　できるさ。もちろん一週間で大学の哲学科で学ぶことをすべて教えられるわけではない。それでも、哲学とはどういったテーマについてどういった方法で取り組むものであるかを大まかに説明することはできる。すると、君はこの先、より真剣に哲学を学ぶ必要があるかどうかを自分で判断できるようになるはずだ。

読　者　それで、どこから話をはじめるのですか？

哲学者　最初は君が一番気にかけている哲学的問題について話をしよう。そこから自然に話を進めていくのがいいだろう。

読　者　でも、それだと話が脇道へそれてしまわないでしょうか？

哲学者　大丈夫。道筋は私がつける。哲学の中心テーマについてはひと通り話をしたいと思っているからな。そうだ、話の合間にメモをとって要点をまとめておくといいかもしれない。

読　者　それはいい考えですね。僕はこの対話が終わったら、そのメモ書きを家に持って帰ることにします。じゃあ、さっそくメモをとりましょう。

メモ（一）
この本は「哲学者のように考えるとはどういうことかを知りたい人」や「哲学者のように考えてみたい人」のために書かれたものです。内容は、哲学の基礎知識などなくても、哲学的な話がしたい、哲学の方法論を知りたい、という気持ちさえあれば十分理解できます。なんとなく哲学に興味をもち、哲学を真剣に勉強すべきかどうかを迷っている人は、本書を読むことでその迷いが解けるでしょう。哲学の主要なテーマと考え方を大まかに把握できるはずです。

人生の意味とは

哲学者　さあ、どこから話をはじめようか。

読　者　いきなり深刻な質問をしてもいいですか？

哲学者　どうぞ。

読　者　あの、つまり、人生の意味とは何ですか？　これだって哲学的問題ですよね。違いますか？

哲学者　もちろんだ。だが、その質問は二つの意味に解釈できる。一つは、「どう生きるべきか」、つまり、そう生きるに値する「いい人生」とは何か、ということ。もう一つは、**そもそも**人生に意味があるのか、つまり、はかない人生を生きる意味があるのか、ということだ。

読　者　僕がききたいのは二つめのほうです。僕が死んで数年も経てば、みんな僕のことを忘れていくでしょう。地球もいつかは太陽と衝突し、人類は滅亡するでしょう。だとしたら、そもそも僕の人生に意味などあるのか、と考えてしまいます。

哲学者　君のように考える人は大勢いる。人間は、人生の意味を問わずにはいられない生きものなのだろう。みんないつか死ぬ。そのことを知らない者はいない。だから我々人間は、ときに人生そのものについて考え、その意味を問うのだろう。

読　者　で、その答えは？

哲学者　君もわかっているとは思うが、正しい答えは簡単には見つからない。なら、答えを見つけだす過程の考えを、三段階に分けてみてはどうだろうか。基本的にはこうなる。

(一) 人生は永遠に続かない

(二) 人生が永遠に続かないなら、人生に意味はない

(三) だから、人生に意味はない

ここから正しい答えを導きだすためには、前提条件 (一)、(二) の少なくともいずれかを否定することによって結論 (三) を否定するか、あるいは、前提条件 (一)、(二) を受け入れることによって結論 (三) を肯定する。そのどちらかを選択しなければならない。

読　者　でも、どうやったら「人生は永遠に続かない」ことを否定できるのですか？

哲学者　もちろん、「人間が死ぬ」ことを否定するのは難しい。だから、多くの哲学者は肉体は死んでも魂は永遠に生きつづけることを証明しようとしたのだ。

読　者　要するに、「生前の行ないは死後に報われるのだから、人生には意味がある」と？

哲学者　まあ、そんな感じだ。だが、「死後に報われる」ことを証明するのがどんなに難しいか、君にもわかるだろう。どちらかと言えば「死後に報われる」という考え方は、考えというよりは多くの人間の「願い」と言っていい。つまり、よい人の苦労は報われ、悪い人の行ないは裁かれる。現世で報われないなら、せめてあの世では報われたい、と願うのが人間というものだろう。

読　者　確かにそう考えると心が癒やされますね。まあ、自分が運悪く悪人にならない限りはですが……。

哲学者　そうだ。癒やされる。だから、「死後に報われる」という考えは、何らかの根拠にもとづくものというよりは、むしろ我々の「願い」がつくりあげたものと考えたほうがいい。「人間は、生きる意味への問いに答えがないことを甘んじて受け入れなければならない」と考えた哲学者もいた。「人生は無意味で、いずれ死によって終わりがくる」と。

読　者　最近はTシャツやマグカップにまで「Life is hard. Then you die.（人生は過酷。あとは死ぬだけ）」なんて書かれています。まったく夢も希望もないですね。

哲学者　だが、それは「人生の無意味さと向き合って生きる」という英雄的な生き方を表していると言えないこともない。「無意味な人生」の中になんとか意味を見出せた実存主義者[訳注1]と呼ばれる哲学者たちもいる。

読　者　そんな哲学は、あやしいものですね……。

哲学者　君は「人生は永遠に続かない」という前提条件（一）を否定することも、「だから、人生に意味はない」という結論（三）を受け入れることもできないようだな。となると、人生に意味を見出したければ、あとは「人生が永遠に続かないなら、人生に意味はない」という前提条件（二）を否定する選択肢しか残されていない。実は私は、これが一番いい選択だと思っている。要するに、「人生が永遠に続かないからといって、人生に意味がないとは言えない」と考えるわけだ。

読　者　でも、いずれ消えてなくなる人生に、いったいどんな意味を見出せるというのですか？

哲学者　人生そのものの中にある「意味」を見出せないだろうか。簡単な例を挙げよう。

訳注1：実存主義とは人間が現に存在していること＝実存を哲学の中心に置く思想的立場。合理主義・実証主義に対抗して起こった。実存主義を代表する哲学者にニーチェ、キルケゴール、サルトルなどがいる。

暑い夏の日に、冷たい飲み物にはどんな意味があると思う？

読　者　のどの渇きを癒やすという意味があるでしょうね。

哲学者　そうだ。暑い夏の日にのどの渇きを癒やすことは、生涯の喜びになることはなくても、「いいこと、喜ばしいこと」には違いない。つまり、「ないよりは、あったほうがいい」ということだ。

読　者　つまり、あなたは、人生の意味は「生きている間にできる限り喜ぶこと」にあると言いたいわけですか？

哲学者　最初に言ったが、人生の意味への問いは「いい人生とは何か」という問いもからんでくる。これについても、あとで話をしようじゃないか。とにかく、私は「永遠に続かない」ということが、ものごとから価値や意味を奪うとは思わない。いや、もしかしたら、「人生は永遠に続かない」からこそ意味があると言ってもいいのではないかな。

読　者　なぜ、そんなことが言えるのですか？

哲学者　君は本当に永遠に続く人生がすばらしいと思っているのか？　人生が永遠に続けば、すべてのものごとが意味を失っていくような気がするのは私だけだろうか。考えてもみたまえ。人生が永遠ならば、決断したことはいくらでもやりなおしがきく。どんな目標も常に中間目標でしかなくなる。まるで、終わりのない物語だ。人生に節目というものがまったくなくなるのだからな。
読　者　そうか。そんな人生はちょっと退屈かもしれないですね。でも反対に、人生は永遠に続かないうえに、死後の世界もないとなると、僕らの人生は最終的に何の評価もされないということになりませんか？　いいことをしても悪いことをしても、結果は同じ。死んだらすべておしまい。だとすれば、生前の苦しみは無駄でしかなく、「いいこと」はすべてその場限りのものでしかなくなります。
哲学者　君が人生に「むなしさ」を覚えるのは私にも理解できる。「むなしさ」を完全に無視することは難しいだろう。それでも、その場だけの「いいこと」もまた「いいこと」である、とは言えないだろうか。人生の意味は限られた時間の中で可能な限り「いい人生」を送ることに尽きるのではないかね。
読　者　じゃあ、まずは「いい人生」とは何かを考えなくてはなりませんね。
哲学者　そうだ。それこそが哲学の中心テーマだ。死後の世界があるかないかで人生の意味を推し量ることは、哲学の課題ではない。死後の世界については、根拠がとぼしすぎて正しく議論できないものなのだ。

メモ（二）

「人生の意味とは何か」という問いは、二つの意味に解釈できます。一つは、どう生きるべきか、つまり「いい人生とは何か」（これは哲学の中心テーマとも言える）ということ。もう一つは、そもそも人生に意味があるのか、つまり、はかない人生を生きる意味があるのか、ということです。ここで問題になるのは「人生は永遠に続かない」、「人生が永遠に続かないなら、人生に意味はない」、「だから、人生に意味はない」という考え方です。答えを見つけだすためには、「人生は永遠に続かない」という一つめの前提条件を否定するか（肉体は死んでも魂は永遠に生きつづけることを証明するか）、「人生が永遠に続かないなら、人生に意味はない」という二つめの前提条件を否定するか、「だから、人生に意味はない」という結論を受け入れるか（人生そのものに意味はないが、最善を尽くして生きることが大事であると思うか）しかありません。はたして、永遠に続くものごとにだけ価値があると言えるでしょうか？　「人生は永遠に続かない」から意味があるとは言えないでしょうか？

「いい人生」を追究する哲学者たち

読　者　話を戻すと、哲学の中心にあるのは「いい人生とは何か」という問いなのですね。

哲学者　そのとおり。言い換えれば、「どう生きるべきか」ということだ。

読　者　でも、哲学者だからといって、他人の生き方を決めるなんてことができるのでしょうか？

哲学者　まさか。哲学者が哲学者でない人に、こう生きるべきだ、こう生きるべきでない、などと言うことはできない。なぜ、そんなことを思うのかな？

読　者　じゃあ、哲学者の役割とはいったい何なんですか？

哲学者　哲学者の役割は、人々に「どう生きるべきか」を**自分で**考える方法を教えることだ。学校の倫理の授業がそれに近いだろう。正しい行ないを自分で考える方法を生徒に教えるのが授業の目的だからな。

読　者　僕は、倫理の授業は「何が正しい行ないか、正しくない行ないか」を生徒に伝えるためにあるのだと思っていました。

哲学者　だが、生徒に正しく考える方法を教えることなく、どうやって「何が正しい行ないか、正しくない行ないか」を教えられると思うかい？　動物の調教やマインドコントロールじゃないんだ。何も考えずに他人から言われたことをすべきだ、というのは危険な発想だろう？

読　者　でも、他人を教育する人は、誰よりも「何が正しいか」を知っていなければならないはずです。だとすれば、万人に「正しさ」を教える哲学者とは、特に「正しい人」だと言えるのではありませんか？

哲学者　いや、そうじゃない。じゃあ、ここでまず「正しい人」とはどういった人か考えてみよう。

読　者　それは、間違ったことをしない人でしょう。

哲学者　「間違い」とひとことで言っても、間違いには二種類ある。一つめは、あることが正しいと知っていながら、それを実行に移さないこと。

読　者　それは、やるべきことがあるから早起きをしたほうがいいのに、ベッドの中が心地よくてつい寝坊してしまった、というようなことですか？

哲学者　そうだ。あることが正しいと知っていながらしないこと。言い換えれば、「意志の弱さ」だな。哲学者も君と同じくらい頻繁にこの種の間違いを犯す。だから、哲学者は「正しい人」ではないと言えるのだ。一方、二つめの間違いは、よかれと思ってしたことが間違いになること。つまり、間違ったことを正しいことだと思いこみ、実行に移してしまうことだ。

読　者　どういうことですか？

哲学者　たとえば、デパートを襲った泥棒が「私は貧乏だから儲かっているデパートからものを盗むことは罪でない」と弁解したとする。これは、明らかに泥棒の考え違いだ。間違ったことを正しいと思いこみ、実行してしまったのだ。

読　者　あなたは、哲学者も「何が正しいか、正しくないか」を判断できなくて、この種の間違いを犯すと言うのですか？

哲学者　そうだな……。哲学者は「何が正しいか、正しくないか」を判断しやすい境遇にあるとだけは言えるかもしれない。だが、今問題にしているのは現実の行為だ。どうすべきか決めかねる状況というものが現実にはある。たとえば、友達の引っ越しを手伝うか、あるいは病気の祖母の見舞いに行くか、どちらかの選択をせまられる場合がある。そんなとき、君なら何を基準に判断するかね？

読　者　そうですね……。友達にどれほど手伝いが必要か、友情がどの程度のものか、祖母の病気がどれくらい重いかとか、そういったことを基準に判断すると思います。

哲学者　そのとおりだ。どんな哲学者も君に代わって「友達の引っ越しを手伝うかどうか」を決めることはできない。君のおばあさんの病気がどれほど重いかは、どんな哲学書にも書かれていないしな。

読　者　そういうことですか。つまり、現実の行為に対して哲学は何の判断も下せないというわけですね。じゃあ、僕たちは哲学からどの程度「どう生きていくか」を学ぶことができるのですか？

哲学者　我々は哲学から、正しい決断をするために必要なものの見方や出来事の関連性を学ぶことができる。そういったことは、我々が普段はなかなか思いつきもしないことばかりだ。哲学者が試みるのは、実践で役に立つ考え方をまとめて、その基本的な構造を明らかにすることだ。実生活の中でそうした考え方を活用すれば、哲学とは何かが自然に理解できるようになるだろう。

読　者　でも、正しい決断を下すために、本当に哲学を学ぶ必要などあるのでしょうか？

哲学者　では、プラトン[訳注2]が用いたような比喩を使って説明しよう。ここに、正しい文章を書ける人と作家と文法の教師の三人がいる。文章を書く能力について、三人を比較するとどうなるかな？

読　者　作家も文法の教師も正しい文章を書けなくてはなりませんよね。でも、だからといって、作家がみんな文法の教師である必要はないし、文法の教師がみんな作家である必要もない。一方で、正しい文章を書ける人がみんな作家や文法の教師である必要もない。

哲学者　だが、我々は正しい文章の書き方を学ぶとき、文章の書き方だけでなく、文法も学ばなくてはならない。なぜだと思う？

読　者　正しい文章を書くには文法も必要だからでしょう。違いますか？

哲学者　だとしたら、正しい文章を書ける人は、文法の知識もある程度身につけていなければならないということになるな。作家ともなればなおさらだ。正しい文章を書ける人も作家も、ほとんど文法的間違いのない文章を書けているかもしれない。だが、文法を正式に学んだほうが、よりこなれた文章になるに違いない。

読　者　で、それがいったい、哲学とどんな関係があるのですか？

訳注2：紀元前四二七年頃～前三四七年、古代ギリシャの哲学者。ソクラテスの弟子。感覚を超えた理性だけが認識できる永遠不滅の実存をイデアと呼び、イデア界と現象界とを区別する二元論を説いた。著書『ソクラテスの弁明』は有名。

哲学者　我々はみな正しい文章を書くことを学ばなければならない。同じように、正しく行動することも学ばなくてはならない。いずれにせよ、実践は大事だ。だがな、同時に理論を学んでおくと能力が伸びやすくなる。つまり、文法を学んでおくとよりこなれた文章が書けるようになるように、正しい行ないの方法論を学び、それについて深く考えておけば、いざというときにより正しく行動できるようになるのだ。その指針となるのが哲学というわけだ。

読　者　要するに、哲学者は文法の先生であり、哲学を実践する人は正しい文章を書ける人にたとえられるということですね。じゃあ、作家は誰にたとえられるのですか？

哲学者　作家は、実践で決断を下すエキスパートと言えるだろう。つまり、どんな状況においても正しく判断できる能力をもっている人のことを言う。もちろんこういった人は、正しい行ないの方法論を身につけ、それによって深く考えている人である。だが、方法論を身につけて考える人みんなが、必ずしも実践できるとは限らない。

読　者　哲学者が必ずしも実践のエキスパートではないように？

哲学者　そうだ。哲学者が実践のエキスパートでないのは、この「象牙の塔」にこもって多くの時間を思索に費やし、外界で行動することが少ないからだろう。まあ、言い換えると、マイホーム購入のための資金を工面したいなら、世間知らずの哲学者に助言を求めたりしないほうがいいということだ。

読　者　じゃあ、倫理委員会《訳注3》はどうなんです？　あの委員会は哲学者で成り立っていますよね。個々の事例について僕たちより正しく判断できるわけでもない人が集まった委員会なんて、無意味ではありませんか？

哲学者　私はそうは思わない。というのも、ときには第三者に助言を求めることも大事だからだ。たとえ何をすべきかがはっきりとわかっている場合でも、第三者の視点は重要だ。それに、特別な分野（たとえば医療技術）においては、事情が複雑なうえに、何を基準に考えるべきかがわからず、判断が難しい場合もあるからな。

読　者　そういう問題は思索のエキスパートである哲学者が取り扱ったほうがいいということですね。

メモ（三）

哲学は「どう生きるべきか」という問題に取り組む学問です。ものごとを一般的な意味で理解する方法ではなく、自分で考える方法を私たちに教えてくれます。私

訳注3：臓器移植や安楽死などの倫理的問題を取り扱う委員会。

たちが普段思いつきもしないものの見方、出来事の関連性、観点を指摘するだけでなく、実践で通用するように、考えをまとめてそこから正しく行動するためのヒントを与えてくれます。哲学者はこれらの任務を、思想家として、倫理の教師として、あるいは倫理委員会の委員として果たそうとします。ですが、哲学者は私たちと同じくらい「意志の弱い」人間であり、私たち同様、実生活の中で正しい決断をしようとして問題に突き当たることもあります。「いい人生とは何か」を最もよく理解している人が、模範的な人生を送ることができるというわけではないのです。それでも、「いい人生とは何か」を知ろうとすることは大事です。「いい人生とは何か」を考えたこともない人が「いい人生」を送ることなどできません。

願いがかなう人生

読　者　どうか、一緒に「いい人生とは何か」を考えてください！

哲学者　まずは君の考えを聞きたいな。

読　者　いいですよ。欲しいものをすべて手に入れると「いい人生」を送ることができる、というのが僕の持論なんですが、これについてはどう思われますか？

哲学者　残念ながら、そんな考えにはいくらでも反論できる。たとえば、ゾフィーという若い女性がパイロットになる夢を抱いているとする。いろいろな国に行くことができる刺激的な職業だし、給料も休暇も多いと思っているからだ。ここで、仮にこう考えてみよう。「だが実際は、パイロットは外国に行くことはあっても空港のホテルに泊まるだけ。給料は思ったより安い。休暇もとりにくい」と。それでもゾフィーはパイロットになる夢をかなえることで「いい人生」を送ることができるだろうか？

読　者　それは無理でしょう。でも、**現実の大変さを知ってもなお**、夢を捨てきれず、実際に夢をかなえた場合に限り、「いい人生」は送れるでしょうね。まあ、ゾフィーの場合は、現実を知っていたならパイロットになりたいとは思わなかったでしょうが……。

哲学者　なるほど。だが、問題はまだある。では、こういう場合はどうだろう。ヘルベルトは麻薬中毒者で、もっと麻薬を欲しいと強く望んでいる。彼は量を増やせばどんな問題が起こるのかもよく知っている。だとしたら、ヘルベルトは望みをかなえる、つまり麻薬の量を増やすことで「いい人生」を送ることができるだろうか？

読　者　もちろん無理です。でも、それはちょっと複雑な例ですね。ヘルベルトは麻薬を欲しがっているけれど、麻薬中毒者でいたくはないはずですから。麻薬をやめることができてはじめて、彼の人生は本当に「いい人生」になるのではないでしょうか。

哲学者　だが、どんな望みが「いい人生」をもたらし、どんな望みが「いい人生」をもたらさないかを、どうやって判断できるというのかね。ヘルベルトは麻薬の量を増やしたいと望む一方で、麻薬をやめたいとも望んでいるのだぞ。

読　者　難しいですね。もしかしたら、より強い願望がかなえられると「いい人生」を送れるのかもしれません。

哲学者　彼の場合、麻薬の量を増やしたいという願望がより強いと考えていいだろう。少なくとも彼は、麻薬の量を増やすために行動に出ることはあっても、麻薬をやめるために行動に出ることはないはずだからな。

読　者　確かに。でも、彼は本当は麻薬をやめたいと望んでいるはずです。だとしたら、「本当の願望がかなえられると、いい人生を送れる」と言っていいんじゃないでしょうか？

哲学者　君が言う「本当」とはどういう意味かね？

読　者　つまり、本当に望むことです。ほかの言い方は思いつきません。

哲学者　まあ、いいだろう。君が言いたいことはだいたいわかった。ところで、私は満たされない願望をできる限り少なくする方法を知っているのだが……。

読　者　その方法、ぜひとも知りたいですね。

哲学者　満たされない願望を減らすには、二つの方法がある。一つは欲しいものを手に入れることだ。だが、そのためには現状をよく把握していなければならない。お金が欲しいと言いながら、たいして仕事をしなければ、うまくいかないのは当たり前だ。

読　者　二つめは？

哲学者　満たされない願望を捨て去ることだ。高望みしなくなれば、欲しいものを手に入れるチャンスは増える。「幸せ」の本質が、欲しいものをできる限り多く手に入れることにあるなら、高い望みをもたないことで、「幸せ」を感じる機会を増やすことができる。「情熱を捨て去れば、完全な心の平静を得ることができる。世界はもう君を傷つけることはないだろう！」とある賢者は言ったが、まさにそのとおりだ。

読　者　僕が聞きたかったのはそういうことではありません。

哲学者　そうだろうな。そもそも私は、ただ単に欲しいものや「本当」に欲しいものを手に入れる人生が、「いい人生」だとは思っていないのだ。人間がもつ欲求や願望にはとんでもないものもあるからだ！　たとえば、一日じゅう雑草の数を数える以外は何もしたくない、と心底望んでいる女性がいるとしよう。この望みがかなえられると、彼女は「いい人生」を送ることができるだろうか？

読　者　ええ、そういう生活を楽しめるのなら！

哲学者　本気で言っているのか？　今は「楽しみ」について話をしているのではないのだぞ。本当の願望をかなえることの意義について話をしているのだ。私には、こんなばかげた願望がかなえられることが彼女にとっていいことだとは到底思えない。では、非道徳的な願望はどうだろう？　ある男性は一日じゅう猫をいじめていたいという願望を抱く。それが満たされると彼の人生は本当に「いい人生」になるだろうか？

読　者　それはならないですよ。願望をかなえることが本人にとっていいか悪いかは、願望の種類に左右されるからです。

哲学者　そのとおり！　人生が「いい人生」になるかならないかは、「いいこと」を求めるか求めないかにかかっているのだ！　願望をかなえることは重要ではないのだ。

読　者　それは、なぜでしょう？

哲学者　我々は、望むと望まないとにかかわらず、「いいもの」を手に入れると「よりいい人生」を送ることができる。反対に、望むと望まないとにかかわらず、「悪いもの」を手に入れると、「よりいい人生」を送ることができない。要するに、大事なことは欲しいものを手に入れるか入れないかではなく、「いいもの」を手に入れるか入れないかなのだ。

読　者　なんとなくわかってきました。ですが、そうすると必然的に、僕たちの人生にとって「いいものとは何か」、という問いが出てきますよね。

哲学者　そうだ、それが次のテーマだ。さあ、話を続けよう！

メモ（四）

「いい人生」とは、願望をかなえられる人生なのでしょうか？　これは難しい問題です。なぜなら、**現実の大変さを知ってもなお**、捨てきれない**本当の**願望は、正しく見える一方で、人生を台無しにしてしまうこともあるからです。実は、私たちは、望むと望まないとにかかわらず、「いいもの」を手に入れることで「よりいい人生」を送ることができます。つまり、「いいもの」、言い換えれば正しいものを望む場合に限り、望みをかなえられたら「いい人生」を送ることができるのです。高望みすることをやめて、願望をかなえやすくしても、人生はよくなりません。

快楽の人生

読　者　次のテーマは「僕たちの人生にとっていいものとは何か」でしたよね？　どこから話をはじめるおつもりですか？

哲学者　まずは、人間が**求めるもの**について考えてみよう。人間が何かを「求める」のは、その何かを「いいもの」とみなしているからだ。だとしたら、我々が求めるものが実際に「いいもの」かどうかを確認すると、本当に「いいもの」とは何なのかが見えてくるはずだ。

読　者　簡単そうに聞こえますね。でも、人間は「これがいい、いや、あれがいい」と常に求めるものを変えます。それなのに、どうやって本当にいいものとは何かを知ることができるのですか？

哲学者　我々がこれから追究するのは、哲学的に言うと「内在的な善」、つまり、それ自体に価値がある「いいもの」だけだ。なぜなら我々が一番知りたいのは、人生を**結果的に**「いいもの」にするのは何かということだからだ。だが実際問題として、人間は多くのものを求めながら、そのほとんどを本心から求めてはいない。価値ある目的を達成するための手段として求めていることがほとんどだ。このように手段としてのみ求められるものを、哲学では「手段的な善」と呼んでいる。たとえば「お金」がそうだ。

読　者　お金自体に価値はないけれど、それを使うことによって、本当に求めるものを手に入れることができるということですね。ですが、僕は、人間はそのことを忘れてしまっていると感じることがよくあります。

哲学者　同感だ。ある男性になぜそんなにまでしてお金を稼ぎたいのか、ときいてみたことがある。すると彼は「マンションを買うために金を稼ぐのだ」と答えた。それで、なぜマンションが欲しいのかときくと、なんと「マンションを人に貸して家賃を手に入れるためだ」と答えたのだ。

読　者　確かにそれでは無意味ですね。まあ、お金をたくさんもつことがそんなに楽しいならともかく！

哲学者　お金の入ったプールで泳いだり、お金を数えたりするのが大好きなアニメーションキャラクターみたいな人間ならそうかもしれない、と君は言いたいのだな。

読　者　それはともかくとして、僕は考えれば考えるほど、人間が**どんなことをしても**手に入れたいものは「快楽」なのではないかと思えてならないのです。

哲学者　実際に、『いい人生』とは快楽の多い人生にほかならない」と考えた哲学者たちもいる。

読　者　知ってます。「快楽主義者《ヘドニスト》」と呼ばれる哲学者たちですよね。

哲学者　そうだ。「ヘドニスト」の語源であるヘドネーはギリシャ語で「快楽」を意味する。だから、快楽を「内在的な善」とみなす人たちのことを「ヘドニスト」、つまり「快楽主義者」と呼んだのだ。

読　者　あなたも「ヘドニスト」なのですか？　いや、冗談ですよ。この「象牙の塔」で暮らすあなたが快楽の多い人生を送っているなんて思いませんからね。

哲学者　なぜ、そんなことが言える？　君は「快楽の多い人生」を何だと思っているのだ？

読　者　それは……。贅沢三昧に暮らすことでしょ。たとえば、豪華な宴会や乱交パーティーを楽しむとか。

哲学者　いや、私は、そういった宴会やパーティーが特に大きな「快楽」をもたらすとは思わない。宴会をすると二日酔いするし、乱交パーティーをしたからといって「いいこと」があるとも思えない。大きな「快楽」は結果として「不快」をもたらすことが多い。だから、「快楽主義者」のエピクロス[訳注4]は禁欲的な生活を人々に勧めたのだ。

読　者　そんな生活はちょっとつまらないですね。

哲学者　まあ、好まれはしないだろうな。ヘンリー・シジウィック[訳注5]が考えた「快楽主義のパラドクス」[訳注6]を知っているか？

読　者　いいえ。どんなものですか？

哲学者　快楽をできる限り多く得たいと思うなら、快楽を目的として求めるな、という考え方だ。たとえば、遊んでいるときに、できる限り多くの「快楽」を得ることばかり考えていたら、遊びを心から楽しむことはできないだろう。「快楽」をまったく感じられないか、感じても、遊びに完全にのめりこんでいるときほど大きな「快楽」は感じられないはずだ。

読　者　とてもわかりやすい説明ですね。でも、いったいどうすれば「快楽」の大きさ、つまり、「快楽」の量を量ることができるんです？

哲学者　一八世紀から一九世紀に活躍した哲学者のジェレミー・ベンサム[訳注7]は、「快楽」の量は持続時間と強度をもとに量れると言った。「量的快楽主義」と呼ばれる考えだが、彼の方法を実践で用いるのは難しい。たとえば、冬に熱い風呂につかったときとすばら

訳注4：紀元前三四一～前二七一年、古代ギリシャのヘレニズム期の哲学者。自然で必要な欲望のみが満たされる生活を理想とし、不安や恐怖から自由な生活を送るのがいいとする「快楽説」を主張した。
訳注5：一八三八～一九〇〇年、イギリスの哲学者（功利主義者）、倫理学者。正しい行為の規準は快楽をできる限り生みだすことだとし、自分だけでなく他人の快楽も大事だと考える倫理的快楽主義の立場をとった。
訳注6：快楽は行為の結果であるはずなのに、それを目的とし、得ようと努力すればするほどかえって快楽を得るのは難しくなる、という逆説。

しい詩を読んだときの「快楽」の強度を比べることなどできるだろうか？

読　者　それは比較が難しいでしょう。「快楽」にもいろいろな種類がありますからね。

哲学者　まさにそれと同じことを、ジョン・スチュアート・ミル[訳注8]も考えた。ミルは「量的快楽主義」の立場をとるベンサムの友人の息子だったが、「快楽」の量を量るには、持続時間や強度だけでなく「質」も考えなければならないと主張した。

読　者　でも、どうやったら「快楽」の「質」のよしあしを判断できるんですか？

哲学者　ミルは、種類の異なる二つの「快楽」の質を比べるときは、その両方の「快楽」を知っていて、しかも偏見のない信頼できる人に助言を求めるのがいい、と言っている。そういう人なら、詩を読むときの「快楽」は風呂につかる「快楽」よりも質がいい、と言うことができるだろう。

読　者　その判断はちょっと一方的すぎませんか。僕の友達のほとんどは詩心がないので、きっと風呂に入るほうがいい、と言いますよ。

哲学者　そういう人は詩を読む「快楽」を知らないのだ。だから、助言者として適してはいない。

メモ（五）

哲学では、価値ある目的を達成するための手段となる「いいもの」を「手段的な善」と呼び、それ自体に価値がある「いいもの」を「内在的な善」と呼びます。快楽主義者にとって、「快楽」は唯一の「内在的な善」です。できる限り多くの「快楽」を得たいなら、むしろ禁欲的に生き、「快楽」を意識的に追い求めてはならない、というのが快楽主義者の主張です。量的快楽主義者が「快楽」の量は持続時間と強度をもとに量ることができる、と言うのに対して、質的快楽主義者は、「快楽」の量を量る際はその「質」も考えなければならない、と言います。「快楽」の質を正しく判断できるのは、対象となる「快楽」をよく知っている、偏見をもたない人間だけです。

訳注7：一七四八～一八三二年、イギリスの哲学者（功利主義の創始者）、経済学者、法学者。「最大多数の最大幸福（社会全体が幸せにならなければ個人も幸せになれないから、人間はみんな、できる限り多くの幸福を他人に分け与えるべきだという思想）」を唱えた。

訳注8：一八〇六～七三年、イギリスの哲学者（功利主義者、自由主義者）、経済学者。ベンサムが唱えた量的快楽主義（量的功利主義）よりも精神的な快楽に重きを置く質的功利主義を説いた。

快楽主義者に与えられた課題

読　者　「快楽」の質が異なるということが、問題を複雑にしているように見えますね。でもいったい、「快楽」とは何なのでしょう？

哲学者　いい質問だ。ほとんどの人は「これこそが快楽だ」と呼べる唯一のものなど存在しない、と言うかもしれない。だとしたら、おいしい食事を食べる、友達とおしゃべりをする、美しい絵を見る、ひらめきを得る、といった体験をするときに人間の心に共通して現れる「感情」は、いったい何なのだろうか？

読　者　そういう体験はみな、私たちが大事にするものですよね。

哲学者　もちろんそうだが、私がきいているのは「感情（快感）」についてだ。そういった体験をする人間の心の中に共通して現れ、目の前の出来事を価値あるものに見せる「感情」、つまり「これこそが快楽だ」と呼べる唯一の感情は存在しないのだろうか？

読　者　その答えを見つけだすには、いわゆる「快感」というものをかなり抽象的にとらえる必要がありますね。

哲学者　そうだ。結局「快感」はとらえどころのないものだ！　だから、快楽主義者たちは「快感」については考えないようにしたのだ。代わりに「快楽」とはそもそも「いいもの」なのだろうか、と考えた。

読　者　「いいもの」ではないのですか？

哲学者　たとえば、他人を苦しめることで「快楽」を得る人がいるとしよう。この「快楽」は彼の人生を「よりよいもの」にするだろうか？

読　者　難しい質問ですね。他人を苦しめることは悪いことに違いありません。他人を苦しめて「快楽」を得るなら、なおさらです。ですが、それでも「快楽」を得ること自体は「いいこと」だと僕は思うのです。

哲学者　はたしてそうだろうか？　彼は、他人を苦しめて「快楽」を得るよりも、他人を苦しめて「快楽」を得ようとはしない、たとえば、義務だと思いこんでも他人を苦しめないほうが、むしろ「いい人生」を送れるのではないだろうか？　こう考えると、「快楽」そのものが「内在的な善」であるとは言えなくなる。人間は「正しいもの」から「快楽」を得なければ、「いい人生」を送ることができないのだ。

読　者　そうなると、「正しいもの」は何かという疑問が出てきますよね。「快楽」自体は「いいもの」だとさっきまで話していたのに……。

哲学者　だが、そうではない。

読　者　簡単に言わないでください。まずは、その理由を説明してください。

哲学者　では、ロバート・ノージック[訳注9]というアメリカの哲学者が行なったおもしろい思考実験について話すとしよう。彼はこの実験で、人間は「快楽」だけに価値を見出す生きものではないことを証明した。こんな実験だ。ここに快楽に満ちた人生を疑似体験させる装置があるとする。君は、その装置を身につけて仮想現実の世界を生きてみないか、と誘われる。この超ハイテク装置を装着すれば、君の神経回路は刺激され、実生活と同じような感覚で仮想現実を生きることができるようになる。さあ、君ならどうする？

読　者　ハリウッド映画の『マトリックス』のように、コンピュータにプログラムされた人生を送るということですか？

哲学者　そうだ。コンピュータが快楽に満ちた人生を確実に演出してくれる。それだけではない。仮想現実の世界に入りこめば、仮想現実を現実と思いこむようになる。まあ、ある種の記憶操作だな。

読　者　要するに、現実の人生よりも快楽に満ちているもののあくまで仮想でしかない人生を生きたいか、とおききになりたいわけですね。うーん、そんな人生を生きたいとは思いませんね。

哲学者　なぜだ？

読　者　あなたがききたい答えはわかっていますよ。「『快楽』を得ることだけでなく、

『快楽』と現実が一致していることも大事だ」と言わせたいのでしょ？　でも、僕はまだ心底そう思っているわけじゃありません。

哲学者　では「快楽」より現実にあるもののほうが大事だ、と思える状況について考えてみよう。

読　者　ちょっと待ってください。その前に、メモをとります。

メモ㈥

快楽主義者は次の三つの課題に取り組む必要があります。㈠目の前の出来事を価値あるものに見せる「感情」、つまり「これこそが快楽だ」と呼べるような**唯一の**感情は存在するのか？　「快楽」とはそもそも「感情」なのか？　快楽主義者が言う「内在的な善」の**本質**とは何か？　㈡どんな「快楽」にも価値があるのか？　「快楽」が価値あるものかどうかは、何から「快楽」を得たかによるのではないか？　㈢「快楽」を得ることだけが大事なのか？　ほかに大事なものはないか？

訳注9：一九三八～二〇〇二年。他者の権利を侵害しない限り、各個人の自由を最大限尊重すべきだとする自由主義思想、自由尊重主義（リバタリアニズム）の代表的論客とされる。

いのか？

快楽を求めない人生

哲学者　ではここで、他人を幸せにしようとする人について考えてみることにしよう。そういう人は「快楽」に身を任さない人だ！

読　者　その考えはおかしいと思います。他人を助ければ、誰だっていい「気持ち」になります。困っている人を見捨てると、多かれ少なかれ罪悪感をもつのが人間ってものです。だから、他人を助けることで罪悪感から逃れられるんです。

哲学者　本当にそうかな？　たとえば、君が浮浪者の生活環境を改善するという目標を立てたとする。次のどちらのケースであれば、君の人生は「よりよいもの」になるだろうか？　ケース（一）実際は君が手を貸すことで現状は悪くなるのに、自分は浮浪者を助けることができると信じて、自ら行動に出る。ケース（二）君の助けがあれば浮浪者の生活環境をかなり改善できるのに、自分にはそんな力はない、それどころか現状を悪くするだけだ、と悲観的になって行動に出ようとしない。

読　者　一番いいのは、僕の力で浮浪者の生活環境を改善できたうえで、それを喜べることですが、あなたが言いたいのはそうでない場合のことですよね。浮浪者の幸せを第一に考えるなら、ケース（二）を選びますね。

哲学者　そうだ。たいていの人は、自分の「気持ち」がよくなるからというよりは、他人の幸せを大事に思うから助けるのだろう。それについては、自分の子供のことを考えると一番わかりやすいかもしれない。

読　者　つまり、自分の「気持ち」より子供の成長を大事にしたいと考える親の気持ちになればわかる、と言いたいのですね？

哲学者　そのとおり。だとしたら、「子供の調子が悪いのに、調子がいいと思いこんでいい気分でいること」と「子供の調子がいいのに、調子が悪いと思いこんで悩むこと」のどちらがいいと思う？

読　者　それはもちろん後者のほうですよ。親は子供から「快楽」を求めたりしませんから。

哲学者　確かに、親が子供に対して喜んで何かをするのは、いい「気持ち」になる、ならないにかかわらず、自分の行為をただひたすら重要であるとみなすからだろう。他人を助けることができると人間は喜びを感じる。それは「いいこと」だからだ。だが、自分が喜べるから他人を助けるのは「いいこと」だ、という人はいないだろう。

読　者　自分が喜べるから、というよりは、助けた相手が喜んでくれるから、という人ならいるでしょうね。

哲学者　そうだ。多くの場合、喜びや「快楽」はものごとがうまくいけば手に入る。だからといってそういう「快楽」が私たちにとって「価値あるもの」だとは言えないのだ。

読　者　どういうことですか？

哲学者　人間関係がもつ価値について考えてみよう。たとえば、恋人や友達や家族だ。君が彼らとの関係において大事にするのは「自分は彼らにとって重要な存在である」と感じることだろうか？　それとも「自分は彼らにとって重要な存在である」という事実だろうか？

読　者　きっと、両方でしょうね。相手から本当は好かれていないのに、好かれていると思いこむのは、大事なものを見過ごしていることになります。ですが、相手にとって自分は本当に大事な存在であるにもかかわらず、それをわからないでいることもまた、「いいこと」とは言えませんよね。

哲学者　そうだ。するとここでもまた、「快楽」を得ることだけが大事なのではなく、価値ある人間関係、つまり、愛情や友情が「実際にある」ことも大事だ、ということがわかるだろう。

読　者　「いい人生」とは、ただ「快楽」が多い人生ではなく、他人と「正しい」関係を「着実に」築いていく人生なのでしょうか？

哲学者　「正しい」人間関係は「いい人生」を成り立たせるものの一つだと思う。何が人生を「よくする」か、自分に問いかけてみるといい。すると、その答えのほとんどが、人間関係に関わるものであることに気づくだろう。

読　者　なるほど。

哲学者　こう考えると、なぜ人間が愛情や友情や家族愛を大事にしたり、他人といい関係を築こうとしたりするのかがわかるだろう。

読　者　でも、人間関係のしがらみからある程度距離を置いた人の人生もまた「いい人生」とは言えないでしょうか？　まずは、あなた自身を見てください！

哲学者　もちろんだ。そういう人間の典型が哲学者だ。我々はずっと「認識」と「知識」と「思索」を重んじる人生の大切さを説いてきた。

読　者　あなたがたの人生は、「認識」という「快楽」を味わい尽くす人生とも言えるのではないですか？

哲学者　そうだ。だがまた、「快楽」を得ることだけが大事なのではない、とも言えるのだ。

読　者　つまり、こう言いたいのですね。あるものを本当に認識することと、認識したと思いこむこととは違う。哲学者は、本当の「認識」から「快楽」を得る場合に限り、「快楽」と「認識」を同じくらい価値あるものとみなすことができる、と。

哲学者　そのとおりだ。哲学者はどうやら「認識」や「知識」や「知性」を「それ自体に価値があるもの」、つまり、内在的な善であるとみなしているようだ。そう考えると、芸術もそうかもしれない。

読　者　なぜ芸術をもちだすのですか？　芸術の中心にあるのは「快楽」を得ることでしょう？　詩を読むことは「快楽」を得るための行為だと言ったのは、あなたじゃないですか。

哲学者　もちろん、美を楽しむことも「快楽」の一種だ。だが、芸術の中心にあるのは「快楽」と「認識」だ。芸術作品は、世界と自分自身を見る目を変えてくれる。そのことをテーマにしても、いろいろと議論ができそうだな……。

読　者　ともかく、芸術が「いい人生」の要素になりうるということは、心にとめておきます。でも、それ自体に価値がある「いいもの」が人生にいろいろ存在するなら、人間が生きるべき「いい人生」とはいったいどんな「いいもの」から成り立つのでしょうか？　社会に貢献する慈善家の人生と、引きこもりの学者の人生の両方を生きて、比べてみたらわかるかもしれませんが、実際にはそんなことは無理ですからね。

哲学者　確かに、人生を「よく」するものはいろいろある。だから「いい人生」の形は一つではない。だが、「快楽」のない人生、「他人への献身」のない人生、「いい人間関係」のない人生、「認識」のない人生は、「いい人生」ではないと言えるだろう。だからこそ、我々はそれらを得る努力をすべきなのだ。しかし、これらのうちのどれに重点を置いて生きるかは、人それぞれ違う。価値あるこれらを自分自身の生き方に反映させて、自分らしく生きる方法は無数にあると言っていいだろう。

読　者　あなたはきっとそう言うだろうと思っていました。「正しく」生きる方法は一つしかないなんて言って私を説得しようとしたら、むしろびっくりしたでしょうね。

メモ（七）

「快楽」にいろいろな種類があるなら、「それ自体に価値があるもの」も一つではないと考えられます。「他人の幸せ」、「いい人間関係（愛情や友情）」、「認識」は、いずれも「それ自体に大きな価値があるもの」と言えるでしょう。これらのもの（もしかしたら、これら以外にも、それ自体に価値があるもの）を手に入れると、人間は「いい人生」を送ることができます。ですが、どれを一番大事にし、どう獲得するかは、人それぞれ違います。方法は無数にあるのです。

倫理から道徳へ

読　者　どう生きるべきか？　哲学がどの程度この問いに答えられるのかが、だんだんとわかってきました。

哲学者　我々はまだ哲学の道にほんの一歩踏み出しただけだ。とりあえず、他人との関係を大事にして「社会に貢献する人生」と、知性を大事にして「自己と向き合う人生」が、「快楽」の人生であり、「いい人生」であることはわかっただろう。君が憧れ、理想とする人を見れば、さらに理解できるはずだ。

読　者　著名人とか、慈善家とか、知識人とかですか？

哲学者　確かにそうだが、哲学が追究するのは、もっと深いこと、それらの理想像を成すものは何か、ということだ。「快楽」とはそもそも何なのか？　「いい人生」で「快楽」はどんな意味をもつのか？　人間関係の本質、あるべき形とはどういうものか？

「いい人生」で「認識」がもつ意味とは何か？　これらの問いにまず真剣に取り組んだのが、古代の倫理学者、プラトンやアリストテレス[訳注10]といったヘレニズム時代の哲学者たちだ。人間はみんな「幸せな人生」を送りたいと思う。だが、「幸せな人生」のもとになるものは何か、ときかれたら、曖昧な答えしか出せないだろう。そんなとき、哲学がヒントをくれるのだ。

読　者　でも、哲学は僕たちに、どうすれば「いい人生」を送れるかを教えてはくれないのですね？

哲学者　抽象的なレベルでは教えられる。すでに、人間が犯す二種類の間違いについて話しただろう？

読　者　「正しい」ことを知らないために犯す間違いと、「正しい」と知っていながら意志の弱さからそれをしないために犯す間違い、ですよね。

哲学者　我々はまず、一般的に「正しい」ことと、個々の出来事の中で「正しい」こと

訳注10：紀元前三八四～前三二二年、プラトンの弟子で、プラトンと並ぶ古代ギリシャ最大の哲学者。師プラトンが超感覚的なイデアの世界を重んじたのに対して、アリストテレスは人間が感覚できる事物を重んじ、現実主義の立場をとった。

を「認識」できるようにならなくてはならない。そのうえで「正しい」ことを実行に移す意志の強さを身につけるべきだ。つまり、賢さと強さをあわせもつ「徳の高い人間」を目指すべきなのだ。徳はいくらでも磨けるからな。

読　者　僕がききたいのは、そういうことではありません。哲学は人間に、「快楽」や「愛情」や「成功」に満たされた人生を送る**具体的な**方法を教えてはくれないのか、ということです。

哲学者　それはほぼ無理だな。「快楽」をより多く手に入れる方法を知りたいなら、快楽主義者が書いた哲学書よりも、料理本やセックスの解説書を読んだほうがいいだろう。友達をつくる方法を知りたいなら、アリストテレスの哲学より心理学のほうが参考になる。できるだけ多くの人を幸せにしたいなら、経済学や政治学のほうがプラトンの哲学よりは役に立つだろう。だが、君が「快楽」や「友情」や「他人の幸せ」の本質について、つまり「いい人生」の中でそれらがもつ意味について知りたいと言うなら、哲学を学ぶべきだ。

読　者　でも、どうしても考えずにはいられないことがあります。先ほど話したように、親密な人間関係は人生を「よりよいもの」にするでしょう。それが、愛する恋人や友達や家族との関係ならなおさらです。でも、実際には、いろいろな人が集まると、利害が衝突してけんかになるでしょう？　多くの場合、目的に達するためには、他人を蹴落とさなければなりません。私が何かを手に入れたとしたら、そのためにそれを手に入れられなかった人が必ずいるということです！

哲学者　古代の倫理学者たちは、「個人にとっていい生き方」と「社会全体にとっていい生き方」は密接につながっている、と主張した。だからプラトンは「他人を不当に扱えば、己の人生が台無しになる」、「正しくない行ないをすれば、己の魂の秩序と調和を壊す」と考えたのだ。

読　者　つまり、他人を傷つけると、結局痛い目にあうのは自分だ、ということですね？

哲学者　そうだ。だが、他人を傷つける人は刑罰を受けることで痛い目にあうのではない。人間は、悪事は罰せられ、善行は報われるという「裁き」（この世においてであれ、あの世においてであれ）を求める生きものだ。だから、罪を犯した人が受ける本当の罰は「いい人生」を生きられないことであり、善行の本当の報いは「いい人生」を生きられること、つまり、「徳の高い人」として生きられることなのだ。

読　者　でも、悪いことをすると気分がよくなるといった根っからの悪人もこの世にはいますよ。

哲学者 だが、そういう人はまれだろう。それに、ただ気分よく生きることが「いい人生」なのではない、とすでに確認したではないか。根っからの悪人が自分の人生を台無しにしたことに気づかないからといって、人生を台無しにしなかったことにはならない。

読　者 他人を不当に扱う人は、どっちみち自分の人生を台無しにする、というわけですか？

哲学者 そうだ。プラトンは「正しくない行ないをするよりは、人の正しくない行ないに苦しめられるほうがいい。そのほうが痛みが少ないからだ」とまで言っている！「個人にとっていい生き方」と「社会全体にとっていい生き方」は対立するものではなく、むしろつながっている。社会が正しく機能し、個人がその中で正しい行ないをすれば、個人も社会もよくなるのだ。

読　者 それは少し楽観的すぎやしないですか？　僕たちはみんな、経験的に、他人を蹴落とすことで幸せを手に入れることができると知っています。だから、世の中にはいさかいが絶えないのです。

哲学者 だが、「いい人生」を生きるために大事なことは、「自分にとっていい生き方」とは何か、それが「他人にとってのいい生き方」とどう関わっているかを知ることだ。世の中にいさかいが絶えないのは、人間が自分の幸せにこだわりすぎているからだよ。それで、他人の幸せは自分の幸せとは関係ないと思ってしまうのだ。

読　者　古代の哲学者たちは個人の幸せを難しく考えすぎたのではないですか？

哲学者　いい質問だ。プラトンやアリストテレスは、徳を積む人生こそが「いい人生」であり、自分の人生について考えることは他人のためにもなる、ということを多くの人にわからせようとした。だが、おそらく、古代の人間も君と同じように、プラトンやアリストテレスの考え方は現実的ではない、と感じただろう。

読　者　だから古代人も現代人と同じように感じた、ということですね。

哲学者　近代の倫理学者たちはまず、個人の幸せ、つまり、利己心に注目し、多くの人が集まると利害が衝突することを当然としたうえで、「人間がすべき正しい行ないとはどういうものか？」を考えた。要するに、「人間はどう生きるべきか？」という普遍的な問題よりはむしろ、「個人が他人に対して負う義務とは何か？」という特殊な問題に取り組んだのだ。

読　者　個人が他人に対して負う義務というものがあるなら、僕たちはまず、なぜその義務があるのかを明らかにしなければなりませんね。

哲学者　つまり、道徳の根拠を明らかにしなければならない、ということかな？　実際に哲学者たちはその根拠をずっと探してきた。道徳の枠組みを明確にして、道徳的義務のうちのどれが根本的なものであり、どれがそうでないかを知ろうとした。この続きは、また明日にしよう。

読　者　楽しみにしています。

メモ（八）

古代の哲学者たちは「いい人生」のもとになるものは何かを考えました。「いい人生」において「快楽」はどんな意味をもつのか（「快楽」とはそもそも何なのか）？　人間関係がもつ意味とは（「人間関係」の本質とは）？　「認識」はどんな意味をもつのか？　「いい人生」を送りたい人は、正しい行ないを選ぶ賢さとそれを実行する意志の強さを身につけなければなりません。つまり、「徳の高い人間」になる必要があるのです。プラトンは「個人の幸せと社会全体の幸せは基本的に合致する」と言いました。「徳の低い」人は、他人を傷つけることで、結局は自分が痛い目にあうのです。一方、近代の倫理学者たちは、社会において個人の利害が衝突することを当然であるとみなしました。彼らが取り組んだのは、「どう生きるべきか？」という普遍的な問題ではなく、「個人が他人に対して負う義務とは何か？」という特殊な問題でした。

火曜日

他人とどう生きていくか？

利己心の道徳

哲学者　「個人が他人に対して負う義務とは何か？」。昨日はこの問いかけをしたところで終わったのだったな。そもそも、道徳に根拠などあるのだろうか？　まず、「いい人生」を送るためには正しく行動することが大事だ、という前提を抜きにして考えてみよう。

読　者　「個人が他人に対して負う義務」については、哲学者の意見をぜひともききたいですね。なぜなら、これは僕たちが常に突き当たる問題だからです。「定期券を買うか、無賃乗車するか」、「税金を払うか、不法労働するか」、「フェアに戦うか、不正して勝つか」。自分が損をしてまで、道徳的に正しい行ないをする必要なんてあるのでしょうか？

哲学者　道徳の根拠と思われる考えは基本的に三つある。一つめは、昨日話しはじめた「『いい人生』とは自分自身の望みをかなえ、『快楽』をできる限り多く手に入れること」という考え方だ。この考えのもとになっているのは、「快楽」の多い「いい人生」を送りたければ、道徳的に正しい行ないをしなければならない、という見方だ。

読　者　納得できませんね。道徳的に正しい行ないをすることは、求めるものをあきらめることのように思えますが。

哲学者　では、別の話をしよう。「囚人のジレンマ」という話を知っているか？

読　者　いいえ。どんな話ですか？

哲学者　トニーとクリスという二人組が武器で脅して強盗を働こうとし、捕まったとする。

読　者　運が悪かったのですね。

哲学者　まあ、そうだが、本題はこれからだ。この事件を担当した検察官は、武器の不法所持については証拠を提示できたものの、武器で脅して強盗を働こうとしたことを実証できずにいた。武器を使用した強盗については懲役一〇年の実刑だが、武器の不法所持ついては懲役一年の軽い刑しか下されない。そこで、検察官はこう考えた。

読　者　まさか、検察官が駆け引きに出たとか？

哲学者　そうだ。検察官はクリスに「もし武器を使用し強盗をしようとしたことを白状したら、お前を無罪として釈放する。トニーは懲役一〇年の実刑を受ける。ただし、これはトニーがお前について何も白状しなかった**場合に限る**。一方、トニーもお前も白状した場合は両者ともに減刑されるが、懲役八年の実刑を受ける」と説明した。もちろん、検察官はトニーにも同じことを説明した。

読　者　なんと卑怯な。それで、二人は互いに相手がどう行動するかを予想するわけですね。

哲学者　ところが、そうではないのだ！　クリスの場合を見てみよう。彼はこう考える。「トニーは白状するか、黙秘するか。二つに一つの選択肢しかない。トニーが白状した場合、俺も白状すべきか、黙秘すべきか？　白状すると、懲役八年の刑を受ける。黙秘すると、懲役一〇年の刑を受ける。だったら白状したほうがいい」

読　者　でも、トニーが黙秘した場合はどうです？

哲学者　クリスから見ると、自分が白状し、トニーが黙秘したら、自分は無罪になる。自分が黙秘して、トニーも黙秘したとしても、武器の不法所持で懲役一年の刑を受ける。

それで、結局、白状することを選ぶのだ。

読　者　つまり、クリスは自分が白状するか、黙秘するかの選択肢についてしか考えず、トニーが実際にどう考え、どう行動するか予想はしないということですね。きっと、トニーも同じでしょうね。だって二人が置かれた状況はまったく同じですから。

哲学者　そうだ、両者ともに理性的に考えれば、白状することを選ぶのだ。すると、二人は懲役八年の刑を受ける。

読　者　それなら、二人とも黙秘することを選ぶほうが理性的ではないですか？　そうしたら、刑は免れないとしても、懲役一年の実刑を受けるだけですむんですから。

哲学者　だからこの話を「囚人のジレンマ」と呼ぶのだ。自分が不利にならないよう白状することは理性的な選択に思える一方で、相手と協力して黙秘することも理性的な選択に思える。問題は、両者ともに同じように理性的に考えるわけではないということなのだ。

読　者　協力することは、トニーとクリスという共同体にとっては理性的な判断であり、利己的な行動は、トニーまたはクリスという個人にとっては理性的な判断である、ということでしょうか？

哲学者　いや、問題の核心はそこにあるのではない。個人であっても懲役八年よりは懲役一年のほうがいいはずだろう？

読　者　じゃあ、二人はどう決断すべきなのですか？

哲学者　こう考えてみよう。「両者ともに白状する」か「両者ともに黙秘する」のいずれかしか選択できないなら、「両者ともに黙秘する」のほうが理性的な選択だろう。だが、トニーとクリスの場合、「自分が白状する」か「自分が黙秘する」かのいずれかしか選択できない。両者ともに同じ選択をすることを**強いられて**はいないからな。だから、たとえ懲役八年の刑を受けようとも、「白状する」ほうが理性的な選択なのだ。これはジレンマでも何でもなく、状況がそうさせているだけだ。

読　者　じゃあ、トニーとクリスが二人で話し合う機会をもてるとしたら？

哲学者　それでも、問題は解決しない。想像してごらん。検察官が二人に話し合いの時間を与える。すると、両者は協力して「二人で黙秘しよう」と約束するだろう。だが、話し合いの時間が終わり、自分の独房に戻れば、互いにこう自問するはずだ。「約束を本当に守るべきなんだろうか？」と。

読　者　そうか。すると、今度は「約束を破る」ことが、個人にとっては理性的な選択になるのか。すべては「ふりだし」に戻るということですね。なんとも悲しい話ですね。ところで、なぜこの話を僕にしたんですか？

哲学者　哲学者が考える道徳のない社会とはまさにこういうことだからだ。トマス・ホッブズ[訳注1]が言った人間の「自然状態」を知っているか？　「万人は万人に対してオオカミだ」というのがホッブズの考えだ。

読　者　「万人の万人に対する闘争」という言葉もありますよね。

哲学者　ホッブズが言う人間の「自然状態」は、「囚人のジレンマ」と同じように解釈できる。まず、人間は生まれながらみんな平等に、強く、賢く、同じものを求めて生きていると仮定し、道徳のない社会というものを想像してみよう。そこに住む人々はきっとこう自問するに違いない。「他人に対して攻撃的であるべきか、友好的であるべきか」と。他人は攻撃的であるか、友好的であるかのどちらかだ。他人が攻撃的であるなら、自分も攻撃的であるほうがいいだろう。そうでないと、自分を守ることができないからだ。では、他人が友好的であるなら、自分も友好的であるほうがいいだろうか？　いや、この場合も攻撃的であるほうがいいだろう。そうすれば無防備な他人を打ち負かし、より多くのものを手に入れることができるからだ。いずれにしても、攻撃的になることが理性的な選択になるわけだ。これは「囚人のジレンマ」とまったく同じだろう？

読　者　そんなふうにして「万人の万人に対する闘争」は起こるのですね。でも、本当はみんなが友好的であるほうが、ものごとはうまくいくはずなのに。悲しい話ですね。

哲学者　だから、ホッブズは「人間は理性的にこの自然状態から逃れる方法を探すべきだ」と考えた。

読　者　でも今、理性は攻撃的になる以外の方法を選ぶことができない、と言ったばかりじゃないですか。どんな人も理性的に考えれば、攻撃的にならざるをえないのでしょ？

哲学者　一人で決断する限りはそうするしかない。だが、それぞれの人間が「人間は基本的に他人と関わり合って生きている」ことを理解するようになれば、状況は少なからず変わってくるはずだ。もう一度、クリスとトニーの例を考えてほしい。君は本当に彼らが裏切り合うと思うか？

読　者　もし、二人がこの先も一緒に強盗を続けていこうと考えるなら、裏切りはしないでしょうね。

哲学者　それだ。それこそが人間関係の「からくり」なのだ。ただ、そうなると、この

訳注1：一五八八～一六七九年、イングランドの哲学者。代表的な著書に『リヴァイアサン』がある。同書の中でホッブズは、人間の「自然状態」を「闘争状態」とみなし、人間は自己保存のために他者より優位に立とうとする生きものであると主張した。

先関わり合うことがない相手ならとことん打ち負かしてもいい、ということになるが、たいていの場合、そうはならない。その理由は、「自然状態」にある人間の生活をこんなふうに想像すればわかるだろう。ある人が、自分が育てた農作物の収穫のために人手を必要としている。そこで、周囲の人たちに「今、私を助けてくれるなら、あなたたちの収穫の際には私が手伝おう」と約束したとする。この人は自分の収穫が終わったあと、この約束を守るべきだろうか？

読　者　他人の収穫を手伝うのは面倒なことでしょうけど、来年もまた助けてもらいたいと思うなら、約束を守らざるをえないでしょうね。

哲学者　そうだ。「次があれば次」と考えるのが、理性的な判断だ。

読　者　「次があれば次」？

哲学者　まず、相手に協力したところで、相手の行動をうかがう。相手も自分に協力してくれたなら、もう一度協力する。反対に、協力してもらえなかったなら、次また頼まれても協力しない。これが得策だろう。数学で証明することもできる。

読　者　つまり、相手から助けられている間は助ける、ということですね。

哲学者　これもまた、「自然状態」から逃れるための方法だ。協力してくれる人にだけ協力し、協力してくれない人には関わらなければいい。

読　者　じゃあ、共同体からつまはじきにされないよう気をつけなければなりませんね。

哲学者　そのとおりだ。自分だけ「自然状態」にあるのは生きにくいだろう。理性的に考えると、他人と協力するほうが生きやすいということがわかる。だから、道徳が生まれたのだ。

読　者　ずいぶんと唐突な結論ですね。今、話したことが、道徳といったいどう関係しているのです?

哲学者　道徳は「協力する条件を規定するもの」とは言えないだろうか。約束は守らなければならない。利益は分配しなければならない。規定にはいろいろある。これらすべてをまとめると、「自分が他人からされて嫌なことは、他人にもしてはならない」という規則ができあがる。この規則を守らない人は協力相手としては適任でない。だからこそ、共同体から追放されることになる。

読　者　つまり、それが道徳の根拠だと言いたいのですね?

哲学者　道徳を守ることは万人の**ためになる**のだ。不道徳な行ないをする人は、ほとんどの場合、自分の利益しか考えていない。そのせいで、最後には自分自身が痛い目にあう。だから、純粋に自分の利益を第一に考えるなら、道徳的に行動するほうがいいのだ。「道徳的に行動すべきだ」という考え方は、多くの矛盾をはらんでいるように見える。

だが、「自分の人生を守り、よくしたい」と思わない人間は一人もいない。人間のこの正直な気持ちこそが道徳の根拠だ。これ以上いい説明を私は思いつかないな。

読　者　それなのに、なぜ人間は、自分のためにもならない不道徳な行ないを繰り返してしまうのですか？

哲学者　その答えは簡単だ。人間は理性的な生きものではないからだ。我々は将来どんな苦労をするかも考えずに、目先の利益に飛びつく。だから、何かを手に入れるために他人をだます人も多い。だが、そういう人は結局、周囲からのけ者にされて不利な状況に陥る。道徳的にふるまっていたほうがよかった、ということになるのだ。

メモ（一）

道徳のない社会を説明した「囚人のジレンマ」という話があります。この話によると、すべての人間は他人と協力しないことを理性的な行為とみなします。「万人の万人に対する闘争」とはこのような状態のことを言います。ですが、人間は「他人と関わることなく生きてはいけない」と自覚すると、「他人に協力することは自分のためになる」ことを理解します。他人と協力したほうが生きやすいのです。ですが、これは他人も自分と同じように協力的で、道徳的にふるまう場合に限ります。

道徳の間違った根拠

読　者　となると、協力的でない人は、他人から「協力していないこと」を気づかれない限りは社会でうまく生きていける、ということですか？　だったら、無賃乗車も誰にも気づかれなければいい、ということになりますよ。

哲学者　そうだな。だが、そういうことをする人は「気づかれる」ことを非常におそれるようになる。だから、「気づかれた」ときのショックも非常に大きい。トマス・ホッブズならこう言っただろう。「社会から悪者とみなされることは致命的な打撃だ。気づかれることをおそれるくらいなら、最初からそんな危険は冒さないほうがいい」と。

読　者　要するに、罪を犯すことは無意味だ、と。これはもちろん、道徳の根拠と言えますよね。でも、僕はもっと違うことを想像していたんです。なんというか、もっと理想になるようなものというか……。

哲学者　君が言いたいことはわかる。要するに、「罪を犯すことは無意味だ」という考えは理屈は通っているが道徳の本当の根拠ではない、と言いたいのだな。では、君は「なぜ盗みを働かないのか？」ときかれたら、何と答えるのだ？

読　者　他人を困らせたくないから、と答えるでしょうね。

哲学者　もちろんだ。だが、「自分の利益を第一に考えるなら、道徳的に行動するほうがいい」と考える人間はこう答えるに違いない。「私は盗みを働かない。なぜなら**痛い目にあう**のは結局、自分自身だから」と。これもれっきとした答えだが、我々はこれを道徳的に正しい答えとはみなさない。

読　者　僕が言いたかったのは、まさにそういうことです。「自分が痛い目にあうから」という考えは正しい結果をもたらすことはできても、道徳の根拠としては正しくない。

哲学者　そのとおり。「自分が痛い目にあうから」という考えが間違いなのは、「自分にとって利益になること」を道徳の根拠にしているからだ。そういう根拠は本当の根拠とは呼べない。道徳規範は、我々に利益をもたらすという点で守るべきもののようにも見えるが、自律的に守るべきもののようにも見える。つまり、人間は道徳規範を「無条件」に価値あるものとみなしてもいるのだ。

読　者　そう考えると、「自分が痛い目にあうから」という考えは、道徳の根拠にはなりませんね。

哲学者　根拠にならないばかりか、常に正しい結果をもたらすものですらない。たとえば、君は誰に対して道徳的義務を負っていると思う？

読　者　それは、すべての人に対してです。

哲学者　そうだ。だが、「協力してくれる人にだけ協力し、協力してくれない人には関わらない」という考えに従うなら、協力してくれる人、少なくとも正しく扱わなければ自分に痛みを与える可能性のある人に対してだけ正しくふるまえば、その他の人は放っておいてかまわない、ということにならないかね。

読　者　「その他の人」とは、子供や老人や病人のことですか？

哲学者　それだけではない。物理的、もしくは時間的に遠く離れた人たち、つまり、外国に住んでいる人や将来生まれてくる人間も含まれるだろう。もしかしたら、人間以外の生きもの、植物や動物（不当に扱っても、自分に痛みを与える可能性のない生きもの）もそこに加えられるかもしれない。

読　者　いずれにせよ、他人から大事に扱われる人間は、自分とは関わりのない「その他の人」や生きものにも目を向け、直接的ではないにしろ彼らを大事に扱う義務を負うと僕は思います。

哲学者　つまり、我々は、我々に協力してくれる人が、我々の知らない誰かや何かに協力する場合、その「誰か」や「何か」をも大事に扱わなければならないというわけだな。

だが、それだとまた、条件つきで大事に扱うということにならないかね。我々が考える道徳の根拠とはかけ離れていることになる。

読　者　さっきも言いましたが、僕たちが挙げようとしている道徳の根拠には、理想のようなものが欠けている気がします。

哲学者　それは、道徳がほぼ「無条件」に守るべきものだからだ。「結局は自分のためになるから」という考え方、つまり、利己心は、道徳の基盤とするには十分でないようだな。

メモ（二）

道徳が存在するのは人間が利己心をもっているからだ、という説明には疑問が残ります。疑問（一）利己心をもっていることが、はたして道徳規範を守る理由になるのか？（人間は、最後に痛い目にあうのは自分だからという理由だけで他人に痛みを与えてはいけない、と思うのだろうか？）。疑問（二）利己心はあらゆる道徳的義務（子供、老人、病人、これから生まれてくる人間、人間以外の生きものに対する道徳的義務も含む）の根拠と言えるのだろうか？

幸福と利益をできる限り増やす道徳

読　者　じゃあ、利己心以外で、道徳の基盤と呼べるものを探しましょうよ。何か提案してくれませんか?

哲学者　いいかね。ものの見方を少し変えるだけでまったく新しい考えが生まれることもあるのだ。我々は、利己心自体は「いいもの」だと考えてここまで話をしてきた。では、ここでまずは簡単に、「利己心とは自分が手に入れる『快楽』を増やしたい気持ちだから、自分が手に入れる『快楽』を増やすこと自体は『いいこと』だ」と考えることにしよう。「快楽」は「いいもの」だ、と昨日話したところだからわかりやすいだろう。でも、それよりはただ単に「『快楽』を増やすことは『いいこと』だ」と考えることにしよう。このほうがより適切だと思う。

読　者　それよりはって言われても……。僕にはどちらの考えも同じように聞こえますがね。

哲学者　「利己心とは自分が手に入れる『快楽』を増やしたい気持ちだから、自分が手に入れる『快楽』を増やすこと自体は『いいこと』だ」という考えは、**自分**が手に入れる「快楽」だけを「いいもの」とみなすことだが、『『快楽』を増やすことは『いいこと』だ」という考えは**すべての**「快楽」を「いいもの」とみなすことだ。自分は快楽を得られないのに、他人に快楽を与える意味などあるだろうか、と自問してみれば、二つめの考えが一つめとは違うことがわかるだろう。自分が得る「快楽」だけに価値があるなら、他人に「快楽」を与える意味はない。しかし、すべての「快楽」に価値があるなら、他人に「快楽」を与える意味はあるということになる。

読　者　それであなたは『『快楽』を増やすことは『いいこと』だ』と思うわけですね。

哲学者　そうだ。我々が「快楽」を手に入れて、それを「いいもの」とみなすのは、自分が手に入れたものが「**快楽」だから**であって、「快楽」を手に入れたのが**自分だから**ではないはずだ。「快楽」自体が「いいもの」でないなら、自分が手に入れた「快楽」を「いいもの」とみなすことなどできないだろう？　**自分本位な**快楽主義者なら、自分が手に入れる「快楽」だけが「善」だ、と言うかもしれないが、**自分本位でない**快楽主義者は、すべての「快楽」は「善」だと言うだろう。

読　者　わかりました。じゃあ、自分本位でない快楽主義者について考えてみましょう。でも、「快楽」は「善」だと考えるだけで、道徳的に正しい行ないをすることなんてできるのでしょうか？

哲学者　簡単だよ。常に「最もいいこと」をすればいいのだ。つまり、「最もいい」結果をもたらす「行ない」をしようとすることだ。「快楽」を唯一の「善」とみなすなら、「最もいい行ない」は「快楽」を最も多くもたらすものだと言えるだろう。「常に、快楽をできる限り増やすために行動せよ」と言ったのは、快楽主義型功利主義者[訳注2]だが、実はこれが道徳の原則になる！

読　者　ちょっと待ってください。話についていけません。そもそも、なぜあなたはここで快楽主義型功利主義をもちだすのですか？

哲学者　功利主義者とは「常に、功利[訳注3]をできる限り増やすために行動せよ！」と主張する人たちだ。もちろん、この考えは「功利」を何とみなすかによって変わってくる。快楽主義者たちは「功利」は「快楽」であると考えた。だが、「願望をかなえることが一番大事だ」と考えている人なら、「功利」は「願望をかなえること」だと言うかもしれない。この考えは、選好充足型功利主義[訳注4]のもとになるものだが、まあ、その話はここで

訳注２：幸福とは、得られた快楽から受けた苦痛を差し引いたものの合計である、と主張した人々。
訳注３：幸福と利益。
訳注４：選好（あるものを選び欲求すること）の充足が幸福だと考える立場。

はよそう。とにかく、別の種類の功利主義があるということだけは知っておいてほしい。

読　者　つまり、快楽主義型功利主義は「自分本位に自分が手に入れる『快楽』だけを増やすのはよくない。みんなが手に入れる『快楽』をできる限り増やすことが大事だ」という考えをもとにしているから、道徳の原則だと言えるのですか？

哲学者　そうだ。ジェレミー・ベンサムは、人間は「最大多数の最大幸福」[訳注5]を常に考えるべきだと主張した。つまり、自分の行為に関わるすべての人々の「快楽」を大事にすべきだと考えた。だが、この考えは誤解を招きやすい。「個人の幸福や幸福な人の数は増やそうとしなくていい。ただ社会全体の功利をできる限り増やすための行為を選択すればいい」と解釈できるからな。

読　者　つまり、自分ではなく他人のことだけ考えて行動せよ、ということですか？

哲学者　いや、そうではない。我々の行為は、たとえ他人のためであっても、必ず自分にも影響をおよぼす。自分しか影響を受けないことさえある。だから、人間は他人だけでなく自分のことも考えて常に行動しなければならないのだ。

読　者　じゃあ、功利主義の原則に従えば、子供や老人や病人が放っておかれるという心配はありませんね。

哲学者　功利主義者たちは常に、道徳的な観点から「弱者の尊重」を訴えてきた。たとえば、功利主義を代表するジョン・スチュアート・ミルは女性解放運動などなかった時代（一九世紀）に男女平等を唱えた。一方、現代の功利主義者は、動物の扱いに神経をとがらせることが多い。動物は「快楽」と痛みを感じることができるから、受けとる「快楽」、つまり「功利」の量も考慮されなければならない、というのが彼らの主張だ。

読　者　すると、また昨日と同じ問題が出てきますよ。「快楽」の量は量るのが難しい、と話したばかりじゃないですか。

哲学者　そうだな。

読　者　「快楽」の量が量れないなら、「常に、快楽をできる限り増やすために行動せよ！」という快楽主義型功利主義の原則は意味がないと思いませんか？　自分の行為がどれだけの「快楽」をもたらすかを知ることなんてできないのですから。

哲学者　確かに、快楽主義型功利主義者たちにとってこれは問題だ。だが、彼らが快楽の量を考慮するのは、「正しい行ない」の規準を我々に示すためだろう。快楽の量を量

訳注5：社会全体が幸せにならなければ、個人も幸せになれないから、人間はみんなできる限り多くの幸福を他人に分け与えるべきだという思想。

ることが大事だからではないはずだ。我々が実生活で「正しい行ない」を選択できるかできないかは、功利主義者が扱う問題ではないのだ。それは我々自身の問題だ。でも実際は、功利主義者から教わらないと「何をすべきか」がわからない人間なんていないのではないだろうか？

読　者　ふう。結局は、快楽主義型功利主義の原則も机上の空論にすぎない、というわけですね。

哲学者　それでもいいではないか。我々は「認識」を重んじる「象牙の塔」にいるのだから。ここで言っておくが、人間は「快楽」の量を量る術《すべ》をまったく知らないわけではない。その証拠に、君は友達の引っ越しを手伝うか手伝わないかを決めるときはまず、引っ越しを手伝うことが君や友達にとってどれほどの「喜び」や「快楽」、または「負担」になるかを考えるだろう？　はっきりした答えは見つけられなくても、ぼんやりとした答えなら見つけられるはずだ。

読　者　そうか、なんだか少しわかってきた気がします。

哲学者　だが、ここにも問題はある。我々は自らの行為がもたらす結果を予測することなど、それほどできないのだ。君は友達の引っ越しを手伝うことを決めても、自分が手伝うことでもたらされる結果のすべてを予測することはできない。よくない結果に終わることもあるからな。

読　者　たとえば、どんな？

哲学者　引っ越しを手伝いに行く途中で、君は理想のパートナーに出会う。その後、君たちは結婚して子供をもうける。だが、子供はその後、独裁者となり第三次世界大戦を勃発させる。そして、世界は滅びてしまう。君が引っ越しを手伝いに行かずに、映画を観に行っていたら、こんなことは起こらなかった。

読　者　映画館でカノジョに出会う可能性もありますよ！

哲学者　まあ、そういうこともあるかもしれないがな。

読　者　とにかく、快楽主義型功利主義の原則は役に立たないというわけですね。

哲学者　いや、そう言っているわけではない。今話したことをもう一度考えなおしてみると、自分の行為がもたらす結果は、完璧とは言わないまでも、ある程度予測できることがわかる。原発をテロ攻撃するよりは、友達の引っ越しを手伝ったほうがいいことは誰だってわかるだろう？

読　者　確かにそうですが、それでもよくないことは起こりますよ。

哲学者　それが人生というものだ。そう、功利主義者は君のように反論する人に対しては「日常生活の中で何かを決めるときは、功利主義の原則に従うべきではない」と説明した。

読　者　なぜですか？

哲学者　常に「功利」をできる限り増やそうとすればするほど、「功利」を増やせないからだ。たとえば、君は常に「功利」をできる限り増やせるかどうかを確認してから行動するよう心がけているとしよう。そうなると、さぞや面倒なことだろうな。

読　者　もちろんです。だって、誰かが川でおぼれていて、助けるか助けないか、考えこんでいたら、助かる命も助からないですよ。

哲学者　そのとおりだ。恋人にキスをするのに、「功利」をできる限り増やせるかどうかを考えていたら、喜んでキスできないだろう。これだって、昨日話した快楽主義のパラドクスだ。つまり、「快楽」をできる限り増やそうとすればするほど、かえって「快楽」を得るのは難しくなる、ということだ。

読　者　功利主義の原則は、実践ではあまり役に立ちませんね。

メモ（三）

快楽主義者は「快楽」のみが価値あるものであると主張しますが、だからといって、自分が手に入れる「快楽」だけを価値あるものとみなしているわけではありません。功利主義者は、「功利」をできる限り増やすことが常に正しい、と言い、快楽主義型功利主義者は、どんなときも「快楽」をできる限り増やすための行為を選択するべきだ、と言います。ただ、いったいどんな行為がどれほどの「快楽」または「不快」をもたらすかを知るのは簡単ではありません。なぜなら私たち人間はある程度ものごとを予測することはできても、「快楽」の量を量ったり、行為の結果を完璧に予測したりすることはできないからです。功利主義者といえども同じです。功利主義は「正しい行ない」の規準を私たちに示すだけです。人間が実際の出来事の中で正しい行ないを選択できるかできないかは、功利主義が扱う問題ではありません。「『功利』をできる限り増やすべきだ」という功利主義の原則を実生活で活かすことは難しいようです。

功利主義の問題点

哲学者　私は、功利主義の主な問題点は、原則が日常生活で役に立たないことではなく、個人の権利が十分尊重されないことだ、と考えている。

読　者　なぜ、そんなふうに考えるのです？　功利主義者は、すべての人間、それどころか動物まで尊重して、生きるものはみんな平等だ、と言っているじゃないですか。とても公平な考えだと思いますが。

哲学者　だが、功利主義が説く「公平」には問題がある。たとえば、ここにアントニア、ブルーノ、コリンナ、ダニエルという四人がいるとする。君は、それぞれに一〇ユーロあげるか、あるいはアントニアだけに四一ユーロあげるかの選択をせまられる。「お金」を「功利」と考え、功利主義の原則に従うなら、どちらを選ぶのが正しいだろうか？

読　者　なるほど。問題点が見えてきました。もし僕がアントニアに四一ユーロあげれば、僕がもたらす「功利」の総量はそれぞれに一〇ユーロあげるよりも多くなりますね。だから、アントニアに四一ユーロあげるのが正しい、ということになるでしょうが、それだと不公平ですよね。

哲学者　そうだ。君は「功利」の総量を増やすことだけを考えたために、お金を公平に分け与えることができなかったのだ。功利主義者にとって、「功利」の分配が「公平」かどうかは重要ではない。社会にもたらされる「功利」の量をできる限り増やすことができさえすれば、個人にもたらされる「功利」の量が多いか少ないかは関係ないのだ。

読　者　そりゃ、確かに問題ですね。

哲学者　そうだ。だが、私が「功利主義の問題点は、個人の権利が十分尊重されないことだ」と言ったのは、それとは別のことを伝えたかったからだ。人間はみんな、ある程度自分の利益を確保する権利を与えられているのではないだろうか。そう考えると、自分が手に入れる「快楽」と同じくらい、他人が手に入れる「快楽」にも配慮しなければならないという考えは受け入れがたいのではないか？

読　者　確かに、ほとんどの人は、他人が手に入れる「快楽」よりも自分が手に入れる「快楽」に、より多くの関心を寄せていますよね。功利主義者なら、「公平とは関係なく、道徳的に考えれば、人間は自分が手に入れる『快楽』と同じくらい、他人が手に入れる『快楽』にも関心を寄せなければならない」と言うかもしれませんが……。

哲学者　それが正しいなら、我々はみんな、自分や家族の「幸福」と同じくらい、他人の「幸福」にも関心を寄せなければならなくなるな。だったら、先進国のお金が発展途上国では先進国より多くの「功利」をもたらすからという理由だけで、発展途上国を経済支援しつづけることが我々の義務だとみなされるのか？　もしそうなら、道徳はただの過剰要求にすぎないのではないかな。

読者 そうかもしれません。でも、「正しい行ないをすることなんて簡単さ！」と大声で言える人などいないはずです。だから、道徳は必要なんです。ただし、赤の他人の幸せより、身近な人の幸せのために何かをするほうが、より効率的に「功利」を増やせるとは思いませんか？ 功利主義者だって、身近な人の「幸福」のために何かをするほうが「功利」をより多く増やせる、と言うに決まっています。

哲学者 どうやら君は功利主義が好きなようだ。では、ギルバート・ハーマン[訳注6]がつくった例題をここで見てみよう。君がどう答えるか、楽しみだ。ある健康なスポーツウーマンが定期検診を受けに病院に行った。運悪く、彼女を診察したのは、臓器移植を待つ患者五人を抱える功利主義者の医者だった。五人の患者のうち二人は腎臓、あとの三人はそれぞれ、心臓、肺、肝臓移植を待っている。そこで医者はこう考える。「スポーツウーマンはあと六〇年は生きられるだろう。私の患者は臓器移植を受ければそれぞれ二〇年は生きられるに違いない。つまり、今手術すれば、全体で一〇〇年の寿命を獲得することができる。一年生きることで手に入れられる『快楽』の量はどの人間もみんなだいたい同じだと考えれば、スポーツウーマンにドナーになってもらえば『快楽』を最も多く増やすことができる」。そこで医者は彼女に言う。「よく来てくれたね！」と。

読者 でも、医者はそこで彼女をいきなり切り刻むことなんてできませんよ！

哲学者　なぜだ？　医者は「功利」をできる限り増やそうとしているのだぞ。これでわかっただろう？　「功利」をできる限り増やすことだけが大事ではないのだ。

読　者　それに対して、功利主義者はどう反論するでしょうか？

哲学者　では、それを知るために君に質問をしよう。最終的に、スポーツウーマンは、無理やり五人のドナーにさせられてしまったとする。さあ、ここで何が起こると思う？

読　者　事件は発覚したものの、医者が無罪判決を受けるようなことにでもなれば、病院に定期検診を受けに行く人などいなくなるでしょうね。

哲学者　そうだ。要するに、長期的には「快楽」を増やせない、ということだ。医者は女性をドナーにしたことで、人類全体の寿命を四〇年長く延ばすことができても、そんな予備寿命はすぐに使い果たされてしまう。なぜなら、世の中には不幸にも早死にする人がたくさんいるからだ。こう考えると、功利主義的に見ても、医者はスポーツウーマンをドナーにすべきではなかった、ということになる。

読　者　あなたの説明は完璧ですね。

訳注6：一九三八年生まれ。アメリカの哲学者。プリンストン大学哲学科教授。主な著書に『信頼性の高い推論』、『哲学的倫理学叙説』がある。

哲学者　いや、完璧ではない。功利主義者は、スポーツウーマンをドナーにしないかもしれない。だが、それは正しい根拠にもとづく判断ではない。利己心が道徳の根拠になるかならないかを議論したが、それと同じことだ。正しく行動し、正しい結果を出せたとしても、根拠が間違っている場合がある。道徳を理解しようとするものは、結果ではなく、根拠を大事にしなければならないのだ。

読　者　つまり、あなたは、スポーツウーマンをドナーにしない本当の理由は、「この女性の人権を侵したくないから」でなくてはならない、と言いたいのですね。

哲学者　そうだ。女性は自身の身体に対する自己決定権をもっている。それを無視してはならない。たとえ、ドナーになることが人類全体に大きな「功利」をもたらすとしても、自己の権利を主張することで「ノー」と言えるのだ。功利主義は、こういった権利を「個人が主張できる正当な権利」とはみなさない。それこそが問題なのだ。

読　者　でも、功利主義の思想に「人権の尊重」をつけ加えることは無理なのでしょうか？　「人権」が尊重されないからといって、功利主義を完全に否定してしまうのは残念な気がしますが。

哲学者　実際に、今でも倫理学者たちは君と同じことを考えて試行錯誤しているが、いい考えは簡単には出てこない。なぜなら、功利主義が大事にするのは人間の「尊厳」ではなく「幸福」だからだ。そうなると、問題は、人間の「尊厳」にもとづく絶対的権利をどう扱うかだ。功利主義は「道徳が幸福を得るための手段になる限り、すべての道徳規範は尊重されなければならない」としている。特に「規則功利主義」にその傾向は強く見られるな。

読　者　それは何ですか？

哲学者　規則功利主義者とは「常に、功利をできる限り増やすために行動せよ！」とは言わずに、「常に、みんなが守れば功利をできる限り増やすことができるルールに従い行動せよ！」という人たちのことだ。

読　者　僕の理解が正しければ、それは二段階を踏むことになりますよね。まず、みんなが守れば「功利」をできる限り増やすことができると考えられるルールを選びだす。そして、それに従い行動する。違いますか？

哲学者　そのとおりだ。たとえば、先ほどの医者は「いかなる医療行為も患者の『自己決定』にもとづかなければならない」というルールに従っていたなら、スポーツウーマンをドナーにはしなかっただろう。この考えを当てはめれば、純粋な「功利主義」では「悪い結果」をもたらさない限りは禁止されない行為も、禁止できるようになる。「約束は破るな！」、「嘘はつくな！」、「盗むな！」と言えるようになるというわけだ。世間一般に通用するこういうルールは、誰かが勝手につくりだしたルールよりも大きな「功利」をもたらすに違いない。

読　者　それはすばらしい考えですね。でも、ルールは特定の状況で通用しても、個々の状況では通用しないこともあります。実際にルールに従ってみたら、「功利」をできる限り増やせなかった、ということも起こるかもしれませんよね？

哲学者　もしも、規則功利主義者ではなく古典功利主義者がこの問題について考えたなら、壁に突き当たるだろう。古典功利主義者にとって一番大事なのは「功利」をできる限り増やすことなので、「功利」をできる限り増やせない可能性のあるルールを守る理由を説明することができないからだ。

読　者　じゃあ、ルールに補足をつけてみてはどうですか？　たとえば、「盗むな！」ではなく、「盗むな！　ただし、〇〇〇の場合は例外とする」といったように。

哲学者　まあ、そんなふうに規則功利主義が勧める行動規定を古典的功利主義的なやり方で補うという手もあるかもしれないな。だが、大事なのは行動を規定することではなく、行動を規定する理由だと私は思う。その点で規則功利主義は古典的功利主義より一歩先を行っている。なぜなら、規則功利主義者は少なくとも、「功利」をできる限り増やすことだけが大事なのではないということを知っているからだ。

読 者　つまり、「功利」だけでなく、人間の「尊厳」とそこから生まれる権利も大事だということですね。

メモ（四）

功利主義者が考える「公平」は正しくないようです。功利主義者は人権を尊重していないように見えます。なぜなら功利主義者は『功利』をできる限り増やすことができるなら、人間は自分を犠牲にすべきか？」という問いに答えてはくれないからです。さらに悪いことに、『功利』をできる限り増やすことができるなら、人間は誰かれかまわず犠牲にしてもいい」と考えることもできるからです。人間は、「功利」をできる限り増やそうが増やすまいが、「人権」、つまり、人間の「尊厳」にもとづく絶対的権利をもっているはずです。一方、規則功利主義（「常に、みんなが守れば功利をできる限り増やすことができるルールに従い行動せよ！」）が「人権」を尊重する思想かどうかは、ルールを守る理由によるようです。

自由にもとづく道徳

読　者　道徳を解明する三つめのキーワードが見えてきましたよ。人間の「尊厳」とそれにもとづく「権利」です。違いますか？

哲学者　そうだ。最初のキーワードは「利己心」、次は「自分本位でない快楽主義」。そして今から話をするのは「自己決定権」についてだ。さあ、ここでフィリッパ・フット[訳注7]が出した例題について考えてみよう。

読　者　だんだんとあなたの例題を楽しめるようになってきましたよ。

哲学者　ある男が線路の分岐点に立っている。片方の線路の上で五人の子供たちが遊んでいるのが見える。向こうからやってくる電車はこのままだとその線路へ突進してくる。男は分岐器で進路を切り替えることができるが、別の線路の上では子供が一人遊んでいる。さあ、彼はどうすべきだろう？

読　者　そんなの簡単です。今すぐ進路を切り替えるべきですよ。

哲学者　たいていの人はそう言うだろう。さあ、ここで本題だ。この例題と先ほどのスポーツウーマンの例題といったいどこが違うのだろうか？　両方の例題に共通しているのは、「一人が死んで、五人が生き延びること」、「最初の段階で五人は不利な状況にあり、一人は有利な状況にあること」、そして「第三者が決断を下し、実行すること」

だ。なぜ我々は医者が下した決断を非難するのに、この男には、完璧に望ましいわけでもないのに「進路を切り替えてもいい」と言えるのだろうか？

読　者　いい問いかけですね。

哲学者　実際問題として、その答えを見つけるのは難しい。それでも二つの例題に違いはある。スポーツウーマンは医者から手段として利用されたが、線路の上で遊ぶ一人の子供は不運にもそこにいたというだけだ。

読　者　つまり、線路の例題の場合、別の線路に一人子供がいようといまいと、進路を切り替えると五人とも助けることができるが、スポーツウーマンの例題の場合は、女性を犠牲にしないと、五人の患者のうち誰一人として助けることができない、ということですか？

哲学者　そうだ。一人の子供は、五人の子供を助けるために利用されたわけじゃないが、スポーツウーマンは五人の患者を助けるために利用されたのだ。これは、イマヌエル・カント[訳注8]の考えに従えば、道徳の基本規定に反することになる。カントがまとめた定言命

訳注7：一九二〇～二〇一〇年、イギリスの哲学者。徳倫理学の研究に従事。アリストテレスの倫理学を現代に復活させ、分析哲学の中に再び規範倫理学を打ち立てようとした。

[訳注9]法は有名だが、その中に「他人を『手段』としてのみ利用するのではなく、必ず『目的』としても利用せよ」という定言がある。

読　者　あなたが言いたいことがなんとなくわかってきましたよ。でも、僕たち人間は常に互いを「手段」として利用しているのでは？　たとえば、僕がパン屋でパンを買ったとします。それは、パンを手に入れるためにパン職人を「手段」として利用した、ということになりますよね。

哲学者　だから、カントは「他人を『手段』として**のみ**利用するな」と言ったのだ。

読　者　でも、僕は確かにパン職人を「手段」として**のみ**利用しましたよ。

哲学者　いや、君はパン職人を「目的」としても利用したはずだ。**パン職人の意思、つまり目的にのっとり**「手段」として利用することは、単なる「手段」として利用することとは違う。

読　者　要するに、パン職人とスポーツウーマンの決定的な違いは、彼ら自身が了承したうえで「手段」として利用されたかどうか、という点ですね？

哲学者　別の言い方をすれば、「自己決定権」は、パン職人の場合は尊重され、スポーツウーマンの場合は尊重されなかった、ということだ。

読　者　今から「自己決定権」をもとに道徳について語ろうというわけですね。楽しみです。

哲学者　人間はみんな、基本的に自己決定することを許されているとするなら、他人と接するときには相手の「自己決定権」を尊重しなければならない、ということになる。つまり、他人に何かをしてもらうときには、必ずその前に了承を得る必要があるのだ。

読　者　そういえば、利己心をもとに道徳を解釈しようとしたときも、「次があれば次」というふうに、互いに了承して協力関係を築くことが大事だと話しましたよね？

哲学者　だが、今話しているのはそれとは少し違う。あのとき話したのは、自分にとって役に立つ、あるいは自分を困らせる可能性がある人と協力関係を築くことだった。つまり、そういう可能性のない他の人には協力しない、ということだ。

読　者　確かに利己的に考えると、子供、老人、病人とは協力関係を築く意味がありませんよね。だって彼らは役に立つわけでも、僕を困らせるわけでもありませんから。

訳注8：一七二四～一八〇四年、ドイツの哲学者。人間のもつ純粋理性、実践理性、判断力、特に反省的判断力の性質とその限界を考察し、『純粋理性批判』、『実践理性批判』、『判断力批判』の三冊の著書に思想をまとめた。

訳注9：カント倫理学における根本的な原理であり、無条件に「～せよ」と命じる絶対的命法。必ず従うべき道徳法則。

哲学者　だが、「人間はみんな『自己決定権』をもち、それ故に他人の『自己決定権』を尊重しなければならない」と考えるなら、人間はどんなことをするにも自分以外の人間全員から了承を得なくてはならない、言い換えると、社会契約を結ばなくてはならない、ということになる。つまり、人間全員と「利己心」ではなく「自由」にもとづく契約を結ばなくてはならないのだ。

読　者　要するに、社会に生きる人間は互いに契約を結んだので、道徳的に正しい行ないをする義務を負う、というわけですか？　よくわからないなあ。だって、これまでの人生で僕に「既存の道徳についての契約に同意しますか？」ときいてくれた人なんて一人もいませんよ！

哲学者　君の言うことはもっともだ。実際問題として、道徳を契約に移しかえることはまずできない。だが、**我々の先祖**が、あるときみんなで話し合い、社会契約を作成し、それに同意した、と想像することはできないだろうか？

読　者　そんなことあるわけないじゃないですか。いったいいつ、どこで、人間が全員集まって話し合いをしたというのですか？　僕が直接同意していない契約は、僕にとっては無効です。僕の代わりに他人が契約を結ぶことはできませんよ。

哲学者　だが、もしかしたら、「社会人として生きる」とか「法的権利を尊重する」とか「国家が個人に与える利益、たとえば、社会保障やインフラを活用する」といった仕方で君は暗黙のうちに同意したとは言えないだろうか？

読　者　それもよくわかりません。暗黙の同意だとしても、少なくとも「イエス」か「ノー」は選ばせてほしい。僕はそれすらもできないわけですよね。社会が嫌いでも、社会に生きるしかない。ほかにどこに行けるでしょう？

哲学者　そのとおりだ。たとえば、デイヴィッド・ヒューム[訳注10]は、「『独裁国家の国民は独裁政治を暗黙のうちに承認している』というのは、夜中にさらわれ、船で北海まで連れていかれた人に、『君は逃げないから、暗黙のうちに水兵になることに同意した』というのと同じだ」と言った。夜中にさらわれた人は自分の意思でさらわれたわけでも、船にとどまったわけでもない。我々人間はみんな、こんなふうにそれぞれの国家に住んでいると言えなくもないな。

読　者　でもここで、公正を期すために言うなら、僕は道徳的義務のほとんどを実際には認めていますよ。

訳注10：一七一一〜七六年、イギリスの「経験論」を代表する哲学者、歴史家。主な著作に『人性論』がある。

哲学者　それこそが「仮説的契約」[訳注11]と呼ばれるものだ。道徳規範に拘束力があるのは、「もしも人間全員に承認を求めれば、みんなが承認するだろう」という前提があるからだ。

読　者　でも、本当に「**みんな**」が承認するでしょうか？

哲学者　「みんな」が「いい人」なら承認するのではないかな？

読　者　じゃあ、「仮説的契約」は無意味ではありませんか？

哲学者　「仮説的契約は白紙の契約書ほどの価値もない」という有名な言葉もあるくらいだ。

読　者　それなら、「道徳は、人間みんなが理性的であれば同意するだろう契約にもとづいている」と考えてみてはどうでしょうか？

哲学者　それはとても大事な考え方だ。だが、理性で同意すると考えると、「自由意志にもとづく合意」、つまり、「自己決定権」を道徳の根拠とみなすことができなくなる。なぜなら、理性をもちだすと、人間が道徳規範を（明確に、暗黙に、仮説的に）承認するかどうかではなく、承認「**すべき**」かどうかを考えなければならないからだ。つまり、道徳は単に「理性が命じるもの」と理解されてしまうのだ。すると、理性が命じるものは何だ、という問いから抜け出せなくなる。だから、ここで我々が考えなくてはならないのは、自由意志が大事なのか、理性が大事なのか、ということではない。「自由意志にもとづく自己決定」と「理性にもとづく自己決定」は同じものだと考えないと、「自己決定権」を道徳の根拠とみなすことはできなくなる。

読　者　それでも、「道徳は理性的な人間がみんなで承認できるものでなくてはならない」という考えは、どこか的を射ている気がします。

哲学者　わかった。では、ここでカントの定言命法の別の定言を紹介しよう。「あなたの意志の格率が常に同時に普遍的な立法の原理として妥当しうるように行為せよ」[訳注12]というのがある。

読　者　「格率」というのは、僕たち自身が行動するときに守っている行動原則のようなものですか？

哲学者　そうだ。カントがこの定言を通して言いたかったことは、「人間はみんな、万人に通用する原則のみに従い行動すべきだ」ということだ。

読　者　つまり、「もし自分と同じ行為を他人がしたらどうなるかを常に考えながら行

訳注11：実際には結ばれていないのに結ばれたことになる契約。
訳注12：あなた自身がもつ行動原則が常にすべての人に適用可能であるように行動せよ、の意。

動しなければならない」ということですね。

哲学者　だいたいそういうことだ。要するに、自分が他人に対して何かをした場合、相手の立場から自分の行動を評価することが大事だということだ。自分の行為が、他人から正しいとみなされないなら、それはどこか間違っているということだ。

読　者　ちょっと待ってください。メモをとらないと！

メモ（五）

「どんな人間も自分の意志に反して他人から手段として利用されてはならない」。これを保証するのが「自己決定権」です。ですから、私たちは常に他人を「自己決定権」をもつ存在として扱い、尊重しなければなりません。こう考えると、私たち人間はみんなで集まって道徳規範のすべてを承認しなければならないということになりますが、実際問題としてそれは無理です。だから「自己決定権」を道徳の根拠とみなすことは難しいのです。人間は一度全員で集まって道徳規範を承認すべきだと言うなら、それはいったいどういう形のものなのでしょうか？「理性的な人間なら承認するだろう」というあくまで仮説でしかない承認でしょうか？もしそうなら、**自由意志**にもとづく「決定」ではなく、**理性**にもとづく「決定」が道徳の根拠とみなされるでしょう。そうなると、私たちは理性が私たちに命じるものばかりを考えるようになるので、**道徳自体が私たちに命じるもの**を知ることができなくなります。ですが、自分の行為が道徳的に正しいかどうかは、「万人に通用する行動原則」を考えたり、「相手の立場から自分の行動を評価」したりすることで判断しやすくなります。

道徳の根拠は探すもの、それとも解明するもの？

読　者　本当のことを言うと、ちょっと混乱しています。これまで、僕たちは三つのものを手がかりに道徳の根拠を探ろうとしてきました。でも、結局どれも、本当の意味では役に立たなかったような気がします。もう何が何だかわからなくなってきましたよ。

哲学者　「私は何も知らない」。ルートヴィヒ・ヴィトゲンシュタイン[訳注13]は哲学の出発点をこう表現した。プラトンも「驚きは哲学のはじめだ」という有名な言葉を残している。

読　者　僕は、驚いてすべてが終わりだという気がしてきましたよ。

哲学者　それこそ哲学をしている証拠ではないか。はじめから何でもかんでも知ろうと欲張ってはいけない。一生、道徳の根拠を探しつづけた哲学者もいる。より長く、より深く考えれば考えるほど、全体のつながりはよりはっきりと見えてくるものなのだ。

読　者　でも、大事な決断をしたり、間違いを犯した人を説教したりするときに、そんなに時間をかけてはいられませんよ。

哲学者　だが、悪行を正すのは哲学の課題ではない。多くの人は、意志が弱かったり、自暴自棄になったりしたせいで、間違いを犯してしまう。分別が足りなかったわけではないのだ。そういう人間に対して何かを与えられるのは、哲学ではなく、教育だ。道徳の根拠について我々が議論するのは、間違った道徳観をもつ人に「こうすべきだ」と注意するためでも、犯罪者を説得して更生させるためでもない。

読　者　そうではなくて、正しい道徳観をもつ人に「なぜその道徳観が正しいのか」を説明するためだと言いたいわけですか？

哲学者　まあ、そういうことだ。文法の教師と正しい文章を書ける人について昨日話したことを覚えているか？　正しい文章を書ける人は、言語の構造を深く知りたければ、文法の教師のもとで学ばなくてはならない。だとしたら、正しい道徳観をもった人は、道徳の根拠を知りたければ、哲学者のもとで学ばなければならない、ということになる。

読　者　そうでした。正しい文章を書ける人は、文法を学ぶことでよりこなれた文章を書けるようになる、とおっしゃってましたよね。それなら、正しい道徳観をもつ人は、道徳哲学を学べばより正しく行動できる、ということですね。

哲学者　そのとおり。ただし、「どんな状況で人間は間違った行ないをするのか」を明らかにしようとする応用倫理学のような学問もあるが、道徳の根拠を解き明かすのに、応用倫理学[訳注14]で用いるような実践的知識はほとんど必要ない。それより必要なのは、道徳の意義を明らかにし、正しく行動する人間として自己理解を深めることだ。

読　者　だから、あなたは実践で活用できる知識はとりあえず脇に置き、いろいろな角度から道徳の根拠を明らかにしようと試みたのですね。

哲学者　そうだ。私がいろいろな例題を挙げたのは、「何をすべきか」だけでなく、「なぜそうすべきか」を考える必要があることを君に知ってもらいたかったからだ。

読　者　それであなたの例題はあんなにも現実離れしたものだったのですね。線路の話

訳注13：一八八九〜一九五一年、オーストリアに生まれ、イギリスで活躍した哲学者。主な著書に『論理哲学論考』、『哲学探究』がある。「語りえぬものについては、沈黙しなければならない」という言葉は有名。分析哲学、言語哲学の分野で多大な功績を残した。

訳注14：一九七〇年代にはじまる新しい倫理学の分野の一つ。倫理の原理的探究ではなく、社会の諸問題に取り組む。

だって、あんなこと、現実にはめったに起こりませんからね。

哲学者 道徳について深く論じるときに、現実に起こるような話を例に挙げると複雑になりすぎるのだ。文法の授業で習う例文だって簡単なものばかりだろう？ いい例文は大事なポイントがはっきりと見えるものだ。哲学の例題も同じだ。扱うテーマを明確に示すのがいい例題なのだ。

読　者 でも、最終的には例題ではなく現実を理解できるようにならなければなりませんよね。文法の先生もいつかは例文だけでなく、**どんな**文章も分析できるようにならなければならないように。

哲学者 そのとおり。まあ、とにかく、我々は道徳というテーマについては一歩先へ進んだようだ。特定の状況で道徳的判断をゆだねられるときに、まず何に注意すべきかも、だいぶ見えてきた。行動する前に、自分の行動は「どれほど自分の利己心を満たし（快楽主義的な意味で）、どれほど自分に『快楽』をもたらすのか？」や「社会全体の『功利』をできる限り増やせるのか？」や「自分や他人がもつどんな『権利』と関係しているのか？」を考えることだ。我々はこの三つの点のいずれにも、同じくらい注意しなくてはならない。どれか一つだけを考えるようなことがあってはいけないのだ。道徳哲学者たちも常にそのことを心がけてはいるが、いつもうまくいくというわけではない。

読　者　なんとなくわかってきましたよ。でも、その三つの点がどうつながっているかは、理解できませんけど。

哲学者　道徳哲学者たちも、この三つの点に共通する法則を探しつづけている。だが現実の出来事の中では、一般的な法則にとらわれずに、三つの点のいずれかに比重を置いて決断し、行動しなければならないことのほうが多いのだ。

読　者　そうなると、結局「何がいいのか」はわからない、ということになりませんか？

哲学者　そうかもしれないな。アリストテレスは「厳密性を求めるなら、そのことがらにふさわしい程度の厳密性を求めるのがよい。教養ある人は、どのことがらにどの程度の厳密性を求めていいかを知っている」と言ったが、ひとまず、我々もそう思おうではないか。

メモ（六）

道徳哲学は道徳の根拠を明らかにする学問です。道徳哲学の中の応用倫理学という分野を学べば、実践でどう決断すべきかがわかるようになります。ですが、道徳哲学を学ぶ本当の目的は、正しい行ないをしたいときにどういった点に注意すべきか、つまり、道徳の理論について考え、自分自身をより深く理解することにあります。ただし、この理論は必ずしも実践で役に立つというわけではありません。

公平な社会とは

哲学者　今日は、もう少し話を続けてもいいかな？

読　者　もちろんです。やっと波にのってきたところですから。

哲学者　では、道徳哲学の話を続けよう。道徳哲学は個人の正しい行ない、つまり「個人倫理」だけを取り扱うものではない。実践的なことがらを対象とする実践哲学の一部として、特定の共同体における倫理、つまり「集団倫理」も扱っている。たとえば、共同体の正しい形とはどういうものか？　共同体において個人の自由意志が果たす役割とは？　国家権力は道徳的に正しいと言えるのか？（もしその答えが「イエス」なら、利己心や功利主義や基本的人権といった観点からどう説明できるのか？）、国家の最高の形とはどういうものなのか？（なぜそれが最高の形と呼べるのか？）といった問題を扱う哲学だ。

読　者　つまり、あなたは道徳的観点から政治を説明したいわけですね。

哲学者　いや、それよりむしろ、政治の道徳的基盤を明らかにしたいのだ。それについてはいろいろな考え方があるが、そこから実践で役に立つ考え方をいくつか君に紹介したい。

読　者　まあ、それはめずらしいテーマというわけではありませんね。普段は意見が対立する政治家たちも、「『国家』が重要な道徳的役割を果たしている」という考えには反対しないでしょう。幸せなことに、民主主義は僕たちの世界では広く認められた思想なのです。でも、もし彼らが「公平」と「自由」の意味を問われたら、やはり意見は分かれるでしょうね。これについては、ぜひともあなたと話し合いたいです。

哲学者　ではまず、「公平な社会」とはどういった社会かを考えてみよう。「公平」という概念については現代の哲学者もいろいろな考えを述べているが、その中でもジョン・ロールズ[訳注15]の考えは最も重要だと言えるだろう。

訳注15：一九二一～二〇〇二年、アメリカの哲学者。著書『正義論』の中でロールズは、社会活動によって生じる利益は分配される必要があるが、その際最も妥当で適切な分配の仕方を導く社会的取り決めが社会正義の諸原理になるとした。

読　者　彼は何と言っているのですか？

哲学者　ロールズは、「公平」を「かなり複雑なもの」とみなしているが、簡単にその基本だけを説明しよう。ところで、君には兄弟がいるかね？

読　者　何でそんなことをきくのですか？

哲学者　兄弟がいたら、何でも「分けっこ」するだろう？　たとえば、ここにケーキが一つある。これを弟と「分けっこ」しなくてはならない。それにはどんな方法が一番いいと思う？

読　者　片方が切り分けて、もう片方が選ぶ、というのがいいでしょうね。

哲学者　なぜ、それが「公平な方法」なのだ？

読　者　だって、弟が先に選ぶなら自分は絶対真ん中で切ってやろう、と思うでしょ？　じゃないと、大きいほうを弟にとられてしまいますから！

哲学者　そうだ。選べない人間は、自分の取り分が少なくならないように、**どちらの取り分も同じ大きさにしようと努力するだろう**。ロールズも「社会でどう『富』を分配するか」について、君と似たような考え方をした。

読　者　つまり、半分に切ったケーキのどちら側が自分のものになるかわからないと考えて行動すべきだ、というわけですね。でも、その考えがどう社会で活かされるのですか？

哲学者　君はまず「自分が誰だかわからない」と考えなくてはならない。自分が健康か不健康か、利口か無知か、美しいか醜いか、自分の家族が誰なのか、この先どれほど幸福になるか不幸になるか、自分についてはそういったことを何一つ知らないと考えるべきなのだ。ロールズの言葉を借りるなら、「無知のベール」をかぶらなければならない。

読　者　つまり、自分がどうなるかわからない状態でケーキを切り分けるべきだ、ということですね。そういう考え方は確かに、社会において誰が何を受けとるかを決めるときにも役立ちますよね。

哲学者　そうだ。すると、どんな人も自分が不利にならないよう（どんな場合も不利にならないよう）、どの取り分をもらっても満足できるよう、均等に、いや公平に分けようとするだろう。

読　者　でも、社会において人間が分けなければならない「富」とはいったい何ですか？

哲学者　「経済的価値のあるもの」はもちろんのこと、権利や義務もりっぱな「富」だ。たとえば、ロールズは「すべての人間にできる限り多くの自由を与えるのがよい。**みなに平等に**与えるためには、個人の自由を制限することもあるが、ただしこの場合、個人の自由は他人の自由によってしか制限されない」と言った。ロールズが言う自由とは、身体の自由と不可侵性、言論の自由、宗教の自由、職業選択の自由などのことだ。これらの自由権はすべて基本的人権に含まれる。

読　者　少しわかってきましたよ。つまり、人間は誰であろうと基本的人権を求めてもいいということですね。でも、権利ではなく「経済的価値のあるもの」はどう分けるのがいいのですか？

哲学者　基本的に「経済的価値のあるもの」も平等に分配するほうがいい。だが、ロールズは次の二つの条件を満たせば、不平等な分配を受け入れてもいいと考えた。（一）不平等な分配が所得や社会的地位の格差によるものである場合。所得や社会的地位の格差は平等な機会を与えられた結果として生じたものだから、というのが理由だ。（二）不平等な分配が社会的に最も不利な立場にある人々に最大限の利益をもたらす場合。ロールズはこの考えを「格差原理」と名づけた。

読　者　そういう考えは、政治家の間にも見られますよね。減税すれば、お金持ちの税金負担が減り、投資が増え、景気がぐんとよくなって、賃金も雇用も大幅に増える。それで貧乏な人にもお金が行きわたる。みんなに平等にお金を分け与えるよりは効率がいいっていう考え方ですよね。

哲学者　基本的にはそうなるだろう。だが、それでもロールズの思想の中心にあるのは「平等な分配」という考え方だ。そうでなければ、「不平等な分配は、社会的に最も不利な立場にある人々に最大限の利益をもたらす場合にしか受け入れられない」という考えは出てこないだろう。

読　者　ロールズの考えは、ケーキを「分けっこ」するのとはわけが違いますね。ケーキを「分けっこ」するとき、僕は「自分が切り分けたら、相手が選んで、自分は残りものを手にするのだから、自分は小さいほうしかもらえない可能性が高い」と考えて対策を練るでしょう。でも、ロールズの考えに従えば、僕は「自分が大きいほうと小さいほうのどちらを手にするかはわからない」と思うだけです。つまり、「無知」をそのまま受け入れるのです。

哲学者　君は「ケーキの分けっこ」とロールズの「分配」との大きな違いに気づいたようだな。ロールズの「無知のベール」をかぶって分配の仕方を決めるという考えに反論する人は多い。なぜならこの考え方は、生きるために必要最小限のものをみんなに分け与えておけば、あとのものは不平等に分配してもいい、というふうにもとれるからだ。

読　者　他人よりも不利な立場に立たされる可能性が高くなるということですね。でも、その一方で、他人がもらうものよりはよくないけれど、前よりはいいものをもらえる可能性も増えますよね。これは魅力的じゃないですか。逆に、何がなんでも人間はみんな平等に与えられるべきだという考えは説得力に欠ける気がします。だって、実際に僕たち人間はみんな平等ではありませんから。

哲学者 だが、道徳的に見ると我々人間はみんな平等だ。他人より価値のある人間なんて一人もいない。

読　者 本当にそうでしょうか？　児童虐待者がマザー・テレサと同じ価値があると言えますか？

哲学者 価値があると言えなくもないな。それとも君は児童虐待者には人権を認めないとでも言いたいのかね？

読　者 そこまでは言うつもりはありませんよ。僕だって、基本的人権はどんな人間にも平等に与えられるべきだと思っていますから。でも、「お金はどう分配すべきか」ときかれたら、平等に分配するのは不公平だ、と言わざるをえませんね！

哲学者 君は、「要求の度合い」は人それぞれ違う、と言いたいのかな？　たとえば、足の不自由な人は健常者と同じスピードで歩きたいと思う。でも、その望みをかなえようとすれば大金が必要になる、といったふうに。

読　者 「要求の度合い」も、同じ手段を使って得られる結果も、人それぞれ違うというのはもちろん当たっています。でも、僕が言いたいのは「成果」についてです。上げる「成果」は人によって違うにもかかわらず、みんなが平等に報酬を受けとったら不公平になる、ということです。ある人は努力して努力してようやく手に入れられるものを、別の人は何の努力もせずに得られるんですよ！

哲学者　確かに、ロールズは「成果」については何も考えていないように見える。だが、「成果」を大事にする社会が「公平な社会」と言えるだろうか？

読　者　言えませんか？

哲学者　君は「自分自身の力で手に入れたもの」を「成果」とみなしているわけだろう？

読　者　まあ、そうですね。

哲学者　ではここで、「自分自身の力で手に入れられるもの」とは何かを考えてみよう。君は、「病気」や「健康」は「自分自身の力で手に入れられるもの」だと思うか？

読　者　いいえ。まあ、とんでもなく不健康な生活をしたら、わかりませんけど……。

哲学者　では、「美しさ」や「醜さ」は「自分自身の力で手に入れられるもの」だと思うか？

読　者　いいえ。ある程度は身なりに気をつかったりつかわなかったりすることはできますけど……。

哲学者 では、生まれついての「頭のよさ」や「愚鈍さ」は？

読　者 そんなのは自分の力では手に入れられないですよ。遺伝子の問題ですからね。

哲学者 そうなると「教育」についても同じことが言えるだろう。自分自身の力で両親や家庭環境を変えることなんてできないからな。

読　者 あなたのおっしゃりたいことがだんだんわかってきました。つまり、一人の人間が社会で成功するために必要な要素はすべて、「自分自身の力では手に入れることができないもの」あるいは「自ら責任を負えないもの」ばかりだと言いたいのですね。だとすれば、僕の努力はいったいどうなるんです？　努力に対する報酬は欲しいですけどね。

哲学者 君自身が「責任を負えるもの」については、努力は報われて当然だろう。だが、「素質」や「教育」といったものはそうではない。

読　者 それでも、努力のしがいはあるはずです。

哲学者 「人間は自らの責任で決定する意思、自由意志をもつか？」という議論があるが、それについてはあとで話そう。今のところは、社会においては「自ら責任を負えるもの」が少ない、と考えることにしよう。そうすれば「成果」を理由に「平等な分配」

を批判する必要はなくなるだろう。「平等主義」は多かれ少なかれ正しいのだ。

読　者　つまり、あなたは「平等主義」を信じて、自分では何も責任を負いたくないというわけですか？

哲学者　いや、私が言いたいのはそういうことではなくて、何が個人の「成果」で、何が他のものに責任を転嫁していいものかを決めるのは難しいということだ。たとえば、我々は自分の成功は自らの「成果」であると認めるのに、失敗は他人のせいにしたがるだろう？

読　者　反対に、他人の成功は自分のおかげだと思い、失敗はその人自身のせいだと言うことも多いですね。確かにそのとおりです。

メモ（七）

道徳哲学は、個人の正しい行ないだけでなく、政治の道徳的基盤も明らかにする学問です。「公平な社会とはどういう社会か？」という問いは道徳哲学の主な課題の一つです。ロールズは「無知のベール」という考えから、「公平な社会」の二つの原理を導きだしました。一つめは、自由権はどんな人にも平等に分配されるべきであるとした「平等な自由原理」。二つめは、不平等な分配は、社会的に最も不利な立場にある人々に最大限の利益をもたらす場合に限り許されるとした「格差原理」です。個々人の要求や「成果」が異なることは「公平な社会」を考えるうえでは重要ではありません。特に「成果」については考えないほうがいいのです。

自由とは何か

哲学者　「公平」を考えるうえでまずしなければならないことは、「人間とはどういうものか？」を知ることだ。人間は「成果」を追い求めれば追い求めるほど、「平等な分配」を受け入れられなくなる生きものだ。「平等な分配」が「人間はみんな自由だ」という考えと一致しないように思えてくるからだ。

読　者　どういうことですか？

哲学者　たとえば、人間をまったく自由に行動させると、社会で不平等なことが格段に増えるだろう。

読　者　つまり、「できる人間」と「できない人間」の格差が広がるということですか？

哲学者　そうだ。そうなると、「富」を「平等に分配」するために税制などの社会的調整を繰り返し行なわなければならなくなる。だが、ロバート・ノージック[訳注16]のような自由尊重主義者たちはこういう調整を「自由を侵害するもの」とみなし、「不公平」だと主張する。

読　者　じゃあ、自由尊重主義者たちは、どういう「富」の分配を「公平」とみなすのですか？

哲学者　彼らは、「公平な分配」とは「公平な取引」であると考えた。たとえば、今からある「財産」を公平に分配するとしよう。そのためには、まず所有者から「財産」を合法的に取得しなければならないが、ここでは簡単に、ただ公平に分配することだけを考えて話を進めよう。自由尊重主義者がまず考えるのは、「財産」をどう「再分配」するか、ということだ。彼らは「公平な取引」を「公平な分配」とみなすので、「公平な取引」を通して「財産」を「再分配」していけば、最終的にすべてが公平に分配されると考える。だから、不平等が生じても公平に取引された結果であれば仕方がない、と思

訳注16：アメリカの哲学者ノージックは、著書『アナーキー・国家・ユートピア』の中で、ジョン・ロールズの『正義論』に反論し、自由尊重主義（リバタリアニズム）の代表的論客と呼ばれるようになった。

うのだ。

読　者　つまり、彼らは「公平な取引」を通して「財産」をひたすら「再分配」していけば、必ず公平な分配にたどりつく、と考えるわけですね。ところで、「公平な取引」とは具体的にはどういうことですか？

哲学者　商業取引や物々交換などがそうだ。つまり、盗み合いさえしなければ、「公平」を保っていることになるわけだ。

読　者　わかりました。夜警国家[訳注17]のことを言っているのですね？　国家は犯罪が起こらないよう気をつけてさえいればいい、あとは自由でかまわない、と。

哲学者　そうだ、それこそが自由尊重主義の国家だ。一方、平等主義の国家は国民同士の取引から生じる不平等を減らすために、繰り返し「富」を「再分配」する。

読　者　自由尊重主義と平等主義は、ほとんど真逆の考え方ですね。一方は、「公平」よりも「自由」を大事にし、他方は「自由」よりも「公平」を大事にする。

哲学者　まあ、それは君の考えだな。自由尊重主義者たちはきっとこう反論するだろう。「それぞれの人間が自らの意志で自由に『富』を交換する場合のみ、『富』は『公平に分配』される。だから、自由尊重主義の社会は平等主義の社会より『自由』なだけでなく、より『公平』なのだ」と。

読　者　それに対して「平等主義者」はどう反論するのですか？

哲学者　平等主義の社会は自由尊重主義の社会より「公平」なだけでなく、より「自由」なのだ！　と言うだろうな。

読　者　何で、お互いそんなことが言えるのです？

哲学者　それは、「自由」の解釈の仕方が違うからだ。自由尊重主義者たちは他人から干渉されないことが「自由」だと思っているが、平等主義者たちは個人がいろいろな行為を選択できることが「自由」だと思っている。

読　者　つまり、平等主義者たちは「富」を平等に「分配」すれば、より多くの人々がより多くの行為を選択できる。それで「自由」になれる、と考えるわけですね？

哲学者　そうだ。カール・マルクス[訳注18]も「人間は何ももっていなければ、どの橋の下で死ぬかを選択できるだけだ。これは自由ではない」と言った。

読　者　確かに、それは間違いではありませんね。

訳注17：国家の機能は、外敵からの防御、国内の治安維持など、必要最小限の公共事業にあるとする国家観。ドイツの社会主義者F・ラサールが、ブルジョアの私有財産を守る夜間警備員を例に挙げて自由主義国家を批判したことに由来する。福祉国家、行政国家に対置される概念。

訳注18：一八一八〜八三年、ドイツの哲学者、経済学者。共産主義を提唱した思想家。

哲学者　哲学者が真剣に考えだしたことに、間違いというものはない。「自由」とは「強制」であるという考えすら、間違いとは言えないからな。

読　者　僕をからかおうとしているんですか？

哲学者　まさか、そんなつもりはないよ。ところで、君は煙草を吸うかね？

読　者　いいえ。煙草は身体に悪いですからね。何で、そんなことをきくんですか？

哲学者　では、ここでまた例題を出そう。君の友人が禁煙しようとしている。なぜなら、君と同じように煙草を吸わないほうが身体にいいと自覚したからだ。そして今、友人は君の目の前で誘惑に負けて煙草に手を伸ばしかけている。さあ、君はどうする？

読　者　注意するか、それとも、煙草を取りあげるか、でしょうね。

哲学者　それは、彼から「自由」を奪うか、彼に「自由」を与えるか、どちらかを選択するということだろうか？

読　者　僕は、彼が本当に望むことをさせてあげようと思うだけです。だから、彼が本気でもう一度吸いたいと望むのであれば、見て見ぬふりをしますよ。

哲学者　そうだ。人間は常に自分が本当に望むことをするわけではない。だから、周囲から「強制」されてはじめて自己実現できることもあるのだ。では、ここで本題に入ろう。人間は常に自分が本当にしたいことを知っていると思うか？

読　者　常にというわけではないでしょうね。自分の気持ちがよくわからないときもあれば、本当にしたいことを認めたくないときもありますから。

哲学者　それだ。本当にしたいことを認めたくないときは、他人、たとえば親友のほうが、自分の本当にしたいことを知っているということはないだろうか？

読　者　ありえますね。

哲学者　つまり、人間は、他人から「君が本当にしたいことをしろ」と強制されることで、より「自由」になれるのだ。だがこの場合、本当にしたいことをしている自覚がないので、「自由」を感じることは難しい。

読　者　他人から「本当にしたいことをしろ」と強制されることで「自由」になれるなんて考えはおかしいです。それはまるで「君だって本当はしたいんだろ！」って女性を強姦する男性のいいわけみたいに聞こえます！　それは「自由」とは呼べませんよ。

哲学者　そうだ。これはとても危険な思想だ。いい例が全体主義国家だ。独裁者は「国民が本当に望むもの、少なくとも望んでいるはずのものを、私は一番知っている」と言って国民を従わせ、「自由」を与えていると思いこんでいる。

読　者　ひどい！

哲学者　もちろんだ。だが、「強制による自由」という考えはまったく間違っているとも言いきれない。たとえば、義務教育を考えてみよう。大人になってから**「自由な人生」を送れるように**と子供たちに教養を与えて生きる術《すべ》を身につけさせるのが義務教育だ。これは、教養と正しい判断力を身につければ「自由」になれるという考えからきているのだろう。

読　者　まあ、そういうことになりますね。それで、あなたの結論は？

哲学者　私が君に話したのはその「公平」と「自由」という概念はとても複雑なので、いろいろな解釈ができる。私が君に話したのはそのほんの一部でしかない。だが、社会秩序について本気で考えるなら、それらの解釈をできる限り知っておくべきだろう。

読　者　あなたが言いたいことはわかりますよ。でも、「公平」と「自由」のいろいろな解釈を知ったからといって、僕たちにいったい何ができますか？　それよりも、「公平」で「自由」な社会とはどういうものかを知ることのほうが大事だと思います。

哲学者　それこそが道徳哲学というものだよ。いろいろな解釈や見解を明らかにしながら、「何がどれほど大事か」も同時に考えていく。「自分の財産を守ることはどれほど大事か？」、「自由権を行使できる人が増えることはどれほど大事か？」、「自分の成果に対して報酬を受けとることはどれほど大事か？」、「他人から助けられることはどれほど大事か？」と問いつづけることだ。

読　者　そんなに問いつづけたら、またいろいろな答えが出てきてしまいますよ。

哲学者　実生活を見ればわかるように、どんなときも答えは常に一つではない。だから、道徳的に見ても、社会を規制する方法が数多くあることはおかしくないのだ。こう考えると「公平より自由のほうが大事」という思想は「自由より公平のほうが大事」という思想と同じくらい大事だと言えるのではないだろうか。

読　者　つまり、あなたは、社会で正しいものは一つではない。それが最も自然なことだと言いたいわけですね。

メモ（八）

「人間というものをどうとらえるか」で、「公平」や「自由」についての考えも変わってきます。自由尊重主義者は、それぞれの人間が自らの意志で自由に「富」を交換する場合にのみ、「公平な社会」は生まれる、と言っています。ですが、「強制がないこと」だけが「自由」なのではなく、「いろいろな行為を選択できること」もまた「自由」であると解釈できます。それどころか「強制されることで自由になる」という考えすら間違いとは言えないのです。ただし、この考えは悪用される可能性があります。

水曜日

道徳にはどれほどの客観性があるのか？

「理性的でない」の意味

読　者　この二日間に話したこと、特に道徳についての話は、なんだか中途半端な状態で終わっているような気がするのですが。

哲学者　どういうことかな？

読　者　僕たちは「こうすべきだ」、「こうすべきでない」、「こう生きるべきだ」、「こう生きるべきではない」という話をしてきました。でも、「そんなことどうでもいい」という人については、どう思いますか？

哲学者　理性的な人間でないと思う。

読　者　なぜ、理性的でないと言えるのですか？　自分を傷つけるような人は、ある程度は理性的でないと言えるでしょう。他人を傷つける人も、最後に痛い目にあうのは自分だとわかっていながら実行に移しているという点で、理性的でないと言えるでしょう。でも、「『功利』をできる限り増やしたくない。人権を尊重したくない」と主張する人が理性的でないと言えるのでしょうか？

哲学者　「功利」をできる限り増やしたり人権を尊重したりすることは、基本的に正しい、と昨日話したはずだ。だから、「『功利』をできる限り増やしたくない。人権を尊重したくない」と主張する人は、正しいことをしないという点において理性的ではないのだ。

読　者　まったく理解できませんね。あなたは「理性的でない」という言葉をどういう意味で使っているのですか？

哲学者　確かに、まずそれを説明しないと話を進められないな。「理性的でない」とは「思慮分別に欠ける」、つまり「合理的に考えられない」という意味だが、解釈の仕方は二つある。まずは、「合理的に考えられない」とはある種の矛盾に陥ることだと解釈できる。

読　者　それは、矛盾のある考えをもつようになる、ということですか？

哲学者　それもそうだが、意志が弱いために間違った行動をすることも、矛盾に陥ることだと解釈できる。

読　者　でも、なぜそれが矛盾なのですか？　自分が正しいと思っていることをしないからですか？

哲学者　そうだ。行為をしようとする本人の意志に気持ちがついていかない。つまり、意志と気持ちが矛盾するのだ。矛盾というよりはむしろ心の葛藤と呼んだほうがいいかもしれない。たとえば、君がある目標を目指すとする。だが、その目標に達するための手段は一つしかない。君はその手段をどうしても選ぶ気になれない。そういうときに心の葛藤が生じる。行為をしようとする意志と気持ちとの間で矛盾が生じ、心の中に合理的でない感情が芽生えるのだ。

読　者　合理的でない感情とは、わけもわからず不安になるというようなことですか？

哲学者　そういうこともあるだろう。人間の知識や認識はすべて経験にもとづくとする経験主義を信じる哲学者は「『合理的に考えられない』とは心の中に矛盾（葛藤）を抱えることだ」と言うだろう。だが、経験にもとづく認識は信じず、理性的認識だけを真の認識と認める合理主義を信じる哲学者は「『合理的に考えられない』とは別の意味にも解釈できる」と言うだろう。

読　者　つまり、心の中に矛盾を抱えなくても「合理的に考えられない」場合もあるということですか？

哲学者　そうだ。合理主義的に考えれば、正当な理由があるものを、信じたり、受け入れたり、求めたりしない人もまた「合理的に考えられない」人と言えるのだ。要するに、正しいことをしない、少なくとも正しいことをする意図をもたない人間は「理性的でない」のだ。ある行ないが正しいということは、それをする正当な理由があるということなのに、それをしないからだ。

読　者　なぜ、正しいことをする正当な理由がある、と断言できるのですか？

哲学者　「Aをすることは正しい。でも、Aをする正当な理由はない」とは言えないだろう。あることが「正しい」のは「正当な理由がある」からだ。我々は「ある場合は正しい」という意味で「正しい」とは言わないだろう。「どんな場合も正しい」と思うから「正しい」と言うのだ。

読　者　じゃあ、人権を尊重することを正しくないとみなす人はどうなんです？　彼が人権を尊重しないからといって、彼のことを「理性的でない」とは言えませんよね。

哲学者　そう言える場合と言えない場合とがあるな。経験主義的に見ると、彼は矛盾に陥っていない、つまり、心の葛藤を抱えてもいなければ、意志が弱くて自分の本当の考えとは違うことを主張しているわけでもないので、「理性的でない」とは言えない。だが、合理主義的に見ると、彼は人権を尊重するという「客観的に見て」正しい、つまり、「客観的に見て」正当な理由があるものを受け入れないという点で、やはり「理性的でない」のだ。

読　者　ああ、もうわけがわからなくなってきましたよ。「客観的に見て人権を尊重することが正しい」、「客観的に見て正当な理由がある」って、いったいどういう意味なんです？　道徳は客観的に正しいものとかではなくて、なんというか、ある種の「決めごと」ですよね。

メモ（一）

道徳を「どうでもいい」とみなす人は「理性的でない」と言えるのでしょうか？「理性的でない」とは「合理的に考えられない」という意味ですが、「なぜ合理的でないのか」を明らかにすると、その答えが見えてきます。経験主義者は行為をしようとする意志と気持ちが矛盾することを「合理的に考えられない」と解釈しますが、合理主義者は別の解釈もあると言います。「客観的に見て正当な理由があるもの」を信じたり、受け入れたり、欲しないということも「合理的に考えられない」

と解釈できると言うのです。ですが、「客観的に見て正当な理由があるもの」など存在するのでしょうか？　「こうするのが（これを求めるのが）正しい」、「これには正当な理由がある」といったことを客観的に明らかにするものが道徳なのでしょうか？

道徳は、ただの「決めごと」ではない

哲学者　道徳を「決めごと」と言うのは無理があるな。
読　者　なぜですか？
哲学者　道徳がただの「決めごと」なら、君だって道徳規範を「決められる」はずだ。ではここで、君に道徳規範を一つ「決めて」もらおう。さあ、どうする？
読　者　特定のものを重要とみなせば、それを道徳規範と「決める」ことになると思います。
哲学者　だが、重要なことはたくさんあるから、そこから一つを選ぶのは難しいだろう。とりあえず、ここでは何でもいいからあるものを重要とみなそう。たとえば、君は、一

時間に三回手をたたくべきだという考えに道徳的意味があると思うか？

読　者　いいえ。何で手をたたくことが「いいこと」になるのですか？

哲学者　もちろん、手をたたくことは「いいこと」なんかじゃない。だから、ここであえて例にするのだ。君は、道徳はある種の「決めごと」だと言った。じゃあ、一時間に三回手をたたくことを道徳規範と決めてもいいではないか。さあ、君は、今、この瞬間から、一時間に三回手をたたくことを重要だとみなせるか？　この先、一時間に三回手をたたくことを習慣にすることができるか？

読　者　できないことはないですよ。

哲学者　では、できるということにしよう。だが、君はそれを道徳的義務とみなせるだろうか？

読　者　そうきかれたら、「いいえ」と答えざるをえませんね。でも、僕が言いたいのは、道徳規範は僕一人が「決めたもの」ではなくて、みんなで「決めたもの」だということです。

哲学者　どちらにしても同じではないか。それとも、君は君以外の人はみんな声をそろえて「一時間に三回手をたたくことが正しい」と言うとでも思うのか？

読　者　いいえ。他の人もきっと「正しくない」と言うでしょうね！

哲学者　そうだ。一時間に三回手をたたくことは明らかに正しいことではないからな。ところで、君が言う「他の人」とはいったい誰のことだろうか？

読　者　それは、その、社会に属す人みんなです。

哲学者　だが、どうやって社会全体で道徳規範を決めるつもりなのだ？　人間全員が集まって「決めごと」会議でも開くのかな？

読　者　そんなこと無理に決まっているじゃないですか。第一、道徳が社会の枠組みであることは誰の目にも明らかですよ。

哲学者　そうかな。君が言う社会の枠組みというのは交通ルールのようなもののことか？　そういった社会規制は、国民の合意のもと、つまり、国民から選ばれた政治家たちの合意のもとに決められたものだが、道徳的規範はそのような合意のもとに決められたものではないだろう？

読　者　どうしてそんなことが言えるんです？　たとえば刑法は交通ルールと同じように、間接的ではあっても国民の合意のもとに定められたものです。こういった法律には道徳的に重要なことがらも含まれているじゃないですか。

哲学者　そうだ。だが、道徳哲学は刑法から成り立っているわけではない。

読　者　そうは言っても、刑法などの法律は多くの人が承認するものです。

哲学者　だが、道徳的権利は、誰かから承認されてはじめて生まれるものではないぞ。人権がそのいい例だ。人間であるということを唯一の理由に主張できるのが人権だろう？

読　者　でも、公に認められていない権利に効力はありませんよ。

哲学者　実際的にはない。だが、だとしても、それを認めない人々に対して**認めるべき**だと言えることはとても重要だ。大事な権利だからこそ、無視する人々を批判するのが当然ということになる。要するに、道徳規範は公に認められなければ守る必要はない、というものではないのだ！

読　者　それでも、刑法や基本法などの公に認められた法律は道徳の大事な規範を含んでいると思います。

哲学者　そのとおりだ。だが、そういった法律の基盤を見失ってはいけない。あることが道徳的に正しくないのは、刑法や基本法に**違反するから**ではない。その逆だ。道徳的に正しくないから、法律に違反するのだ。道徳を基盤にした法律だけが正しいのであって、国民から承認されただけの法律は正しいとは言えないのだ。

読　者　それはわかります。かつてドイツ人はナチズムという完璧な間違いを承認してしまったんですから。

哲学者 そうだ。ナチズムは当時、国民の大多数から承認されたが、知ってのとおり道徳的には間違っていた。

読　者 でもあの時代を生きた人の多くは、ナチズムを道徳的に正しいとみなしていたわけでしょ？

哲学者 はたして本当にそうだろうか？ ほとんどの人はナチスの過ちを知りながら、それを認めたくなかった。いや、認めたとしても、過ちを正すために行動しなかったのだと私は思っている。間違ったことを正しいと勘違いしたというよりは、意志が弱くて、自分の気持ちに嘘をつきつづけたと解釈したほうがいいだろう。だが、我々がここで問題にしているのは、当時の人々がナチズムを正しいと信じていたかどうかではなく、ナチズムというもの自体が**実際、道徳的に正しかったかどうか**だ。その答えはもちろん「ノー」だ！

読　者 それは誰も否定しませんね。

哲学者 だから我々の判断は正しいのだ。

読　者 でも、なぜあなたはそこで僕たちの判断は「正しい」と断言できるのですか？ あることが正しいか正しくないかは、体験や「観察」を通して知る、つまり、自分の五感でわかるようなものではないと僕は思うのです。ものごとの「正しさ」は**目で見たり**

耳で聞いたりはできないはずです。

哲学者　もちろん、臭いをかいだり、味わったり、触ったりもできない。これは道徳を解明するうえで重要なポイントだ。君や多くの人々が道徳規範を「決めごと」とみなすのは、「決めごと」と思わない限り、なぜ人間が道徳心をもつのかを説明することができないからだ。人間は五感で善悪を判断するわけではないので、そう思うしかないのだろう。

メモ（二）

道徳を単なる「決めごと」とみなすには無理があります。なぜなら、誰がどういった方法で「決めた」かがわからないからです。個人も社会も、あることを簡単に道徳規範と「決める」ことはできないのです。一方で、法律は道徳的価値をもつものとして公に認められています。どうやら、私たち人間は、五感で善悪を判断できないので、道徳を「決めごと」とみなす**しかない**ようです。

道徳観の違いと意見の違い

読　者　今なら、なぜ僕が道徳をただの「決めごと」とみなすのかを説明できますよ。ただの「決めごと」だからこそ、個人がもつ道徳観はばらばらなわけでしょ？

哲学者　そうかな？

読　者　そうですよ。ある人が増税に反対すれば、別の人は賛成する。ある人が連邦軍の海外派遣を人道支援だと言えば、別の人は非人道的だと言う。こういった意見の食い違いは、国を越えればさらに増えます。ある国は死刑を承認し、別の国は認めない。政教分離を支持する国もあれば、しない国もある。歴史的に見るなら、昔は奴隷制度を認めていたけれど、今は認めていませんよね。

哲学者　だが、それらを一概に道徳観の違いと決めつけることはできないな。

読　者　なぜです？　一方はある行為を正しいとみなし、他方はそれを正しくないとみなすのですよ。

哲学者　だが、異なる意見をもつものたちが、**まったく**異なる道徳観をもつというわけではないからな。たとえば、君が挙げた最初の例、「ある人が増税に反対すれば、別の人は賛成する」だが、ここに道徳観の違いが見られるかどうかは、反対と賛成の**理由**を明らかにしないとわからないだろう？

読　者　どういうことですか？

哲学者　たとえば、増税に反対する人は、税率が低いほうが景気がよくなり、より多くの人に利益がもたらされると信じ、賛成する人は、増税によってお金が公的に分配され、より多くの人に利益がもたらされると信じている場合、両者ともに望んでいるのは「より多くの人に利益がもたらされる」ことではないかな？

読　者　ですが、より多くの人に利益をもたらす「方法」については、両者の意見は一致しませんよ。

哲学者　「方法」は、道徳ではなく、経験にもとづいて判断するしかない。政治では、経験にもとづいて判断すべきことがらがほとんどだ。要するに、意見が異なるのはほとんどの場合、道徳観が異なるからではなく、問題とされていることが経験にもとづいてしか判断できない複雑なものだからだ。

読　者　そのとおりですね。特に経済は、いろいろな要素が複雑に絡み合っていて、とにかくやってみないとわからないということがほとんどですからね。あなたは、政治的議論の対象になるのはいつも「方法」だと思っているのですか？

哲学者　いつもではないが、多くの場合はそうだ。ある人は個人の自由を重んじるから増税に反対し、別の人は、みんなが平等に社会的責任を負うことを大事だと考えるから増税に賛成する。ここで見られるのは、道徳観の違いではなく、価値観の違いだ。言い換えると、何をより重んじるかの違いだ。個人の自由もみんなが平等に社会的責任を負うことも、まったく大事とみなさない人間は一人もいないだろう。昨日も話したが、道徳的に見ても、いろいろな価値観が社会にあることはおかしくないのだ。

読　者　でも、文化や時代が違えば、人々の価値観も相当違ってきますよね。

哲学者　私はそうは思わない。ただ、異なる文化や時代に生きる人々が大事にしているものを理解するのには時間がかかるとは思う。たとえば、イヌイットの慣習を知っているか？　自給自足できなくなった両親を流氷の上にのせて流すというものだ。

読　者　それはひどい。

哲学者　そんなことはない。もし、君が両親を流氷の上にのせて流してしまったというのなら、ひどいだろう。だが、イヌイットの人々は、自給自足できない人間を養っていたら他の人間の栄養状態が悪化し、死者が出る可能性があるからこそ、年老いた両親を海に流すのだ。

読　者　異なるものを理解するとは、すべてを許すということですか？

哲学者　それ以上だ。異なるものを理解するとは、許されないものすら受け入れるということだ。つまり、「相手の立場だったら自分もそうしていたのではないか？」と考えるよりは、「相手の立場だったらそうすべきだったのではないか？」と考えることだ。自分たちとはまったく異なる生活環境に身を置く人を理解しようと思えば、まったく異なる観点から道徳を解釈する必要があるのだ。

読　者　要するにあなたは、古代の奴隷制度をすら正しいとみなすべきだと言いたいわけですか？

哲学者　それは違う。私がここで言いたいのは、何もかもを受け入れるということではなく、道徳観の違いは、価値観や意見の違いほど多くは見られないということだ。異なる時代を比較すれば比較するほど、道徳観の違いは少ないとわかってくる。

読　者　何でそんなことが言えるんですか？

哲学者　古代と現代の道徳観と科学的認識を比べてみればいい。道徳観についてはあまり変化していないことがわかるだろう。だが、科学的認識は大きく変化した。だから、我々は、アリストテレスの『ニコマコス倫理学』[訳注1]を今でも参考にできるのに、彼の生物学に関する書物はもはやほとんど活用できないのだ。

読　者　科学は進歩しましたからね。僕たちの認識が大きく変わったのも当たり前だと

訳注1：古代ギリシャの哲学者、アリストテレスの著書を、息子のニコマコスらが編集した倫理学の書。

思います。

哲学者　だが、道徳は進歩しなかったのかな？　奴隷制度は今、世界じゅうで禁止されているが、これなんぞは道徳が進歩した証拠だろう？

読　者　あなたは今、道徳は古代からあまり変化しなかったと言ったばかりじゃないですか？　言っていることが矛盾していますよ。

哲学者　人間の道徳観はほとんど変化していない。変化した部分を進歩と呼んでいるだけだ。友情が人間にとって大事なものであることは、アリストテレスも我々と同じように認識していた。その一方で、男女平等の考えが我々の社会に浸透するまでには時間がかかった。我々欧米人がそれをやり遂げたことはやはり進歩だ。

読　者　じゃあ、あなたは僕たちとは異なる文化に生き、異なる道徳観をもつ人々は間違っていると言いたいのですか？　それは、偏狭な考え方じゃないですか！

哲学者　すでに話したとおり、人間がもつ道徳観は、文化や時代が異なっても基本的には違わない。違うのはむしろ考え方だ。道徳的に見ても、いろいろな考え方が社会にあることはおかしくないと言ったはずだ。価値観や意見の違いがあることはいたって自然なことなのだ。ここで、どの意見が正しいかを議論しはじめると、「正しい意見を言っている人が必ずいるはずだ」ということになるだろうが、誰の意見が正しいかを確実に判断する方法などないのだ。

読　者　もちろんです。誰の意見が正しいかを知ることは不可能です。どの意見が正しいかは実験したらわかるというものではないですからね。

哲学者　そのとおり。だから、我々は哲学を通して（道徳が「決めごと」でないと言うなら）なぜ人間が道徳心をもつのかを明らかにしなければならないのだ。とにかく、「道徳観の違い」はそう簡単に見つかるものではないということは理解してもらえたと思う。

メモ（三）

道徳規範が「決めごと」のように思えるのは、世の中にはいろいろな道徳観をもつ人がいるように見えるからです。ですがほとんどの場合、「何をすべきか」と問われて、その答えが人によって違うのは、**道徳観**が違うからではないのです。人間がいろいろな意見をもつのは、道徳観よりもむしろ価値観が違うからです。つまり、人間にとって大事なことを成し遂げるための「方法」を何とするかによって、意見は違ってくるのです。また、自分とはまったく違う生活環境で生きる人々は、自分がもつ道徳観に合わない行動をすることもあります。ですが、道徳的に見ても、いろいろな考え方が社会にあることはおかしくないと知れば、それらを道徳観の違いではなく異なる慣習として受け入れられます。もちろん、本当に道徳観が違う場合もあります。その場合、間違った古い道徳観は修正され進歩していくはずだと考えるべきです。私たちはこの先も哲学を通して、「何をもとに人間は道徳的判断をするのか?」、「なぜ人間は道徳心をもつのか?」を明らかにしていかなければなりません。

道徳とはただの「投影」なのか?

読　者　道徳は神から与えられたものだと信じている人は、「道徳が客観的に正しい」ことを簡単に受け入れられるでしょうね。

哲学者　そうかな? 残念ながら神に頼っても、道徳が「客観的に正しい」ことを証明できないだろう。なぜなら、道徳を神から与えられたものと信じたとしても、「神が我々に道徳を与えたのは、それが客観的に正しいからか」、それとも「道徳は神から与えられたから客観的に正しいのか」という二つの問いに悩まされることになるからだ。

一つめの問いは、神とは何の関係もない。なぜならこの問いに答えるには、まず「客観的に正しい」とはどういうことなのかを明らかにしなければならないからだ。そこで、もし「客観的に正しい」ということが証明できれば、道徳は決定的に正しいものになるので、神から与えられたものであろうがなかろうが、「正しい」ということになる。

読　者　まあ、そうですね。じゃあ「道徳は神から与えられたから客観的に正しいのか」という問いについてはどうですか？

哲学者　神から与えられたから道徳が正しいと言うなら、神が与えるものをあえて客観的に評価する必要はなくなるだろう。神が与えるものは何だろうが常に正しいということになるからだ。

読　者　それは問題ですか？

哲学者　問題だ。なぜならそれは所詮「神は正しい」という我々の主観的な判断でしかないからだ。客観的な規準をもとに神を評価してはじめて「神は正しい」と言えるのではないだろうか？

読　者　神に頼ったところで、道徳が客観的に正しいことを証明できないというわけですね。だとしたら、道徳は純粋に主観的なものになりますね。

哲学者　「純粋に主観的なもの」とはどういう意味かね？

読　者　つまり、僕たちは自分が嫌いな行為を客観的に正しくない行為とみなすわけです。

哲学者　それと似たようなことをトマス・ホッブズも考えた。我々自身の感覚が世界に「投影」されているのではないか、と。たとえば、我々が蜘蛛を見て気持ち悪いと感じてはじめて、蜘蛛は気持ち悪いものになる。我々がある行為を不快だと感じてはじめて、その行為は正しくないものになる、というのだ。

読　者　それは共感できる話です。僕が、道徳はただの「決めごと」だと言うのは、そういう意味です。

哲学者　だが、不快感は我々の意思とは関係ない。あるものごとをどう感じとるかを自分で決めることはできないだろう？

読　者　もちろん、できません。それに、ある行為をどう受けとるかは人それぞれ違いますよね。道徳観の違いは実はこんなところから生まれるんじゃないですか？

哲学者　そんな簡単なものではないぞ。一人一人の感じ方が違うだけで道徳観が変わるなら、「道徳観の違い」なんて**存在しない**はずだからな。蜘蛛が気持ち悪いものか、気持ち悪くないものかをわざわざ議論する必要はないだろう。ある人は気持ち悪いと感じ、別の人は気持ち悪くないと感じる。それだけのことだ。

読　者　そうですね。そう考えると、「道徳観の違い」というものを説明するのはやはり難しいですね。

哲学者「ある人は人種差別を不快だと感じ、ある人は不快だと感じない。それだけのことだ」などと言う人はいないだろう。多くの人は「人種差別は**正しくない**。人種差別の考え方は改めるべきだ」と思っているはずだ。

読　者　要するに、僕たちは「道徳観の違い」というものを間違って解釈しているだけなのかもしれませんね。

哲学者　それとも、道徳は我々自身の感覚が世界に「投影」されたものではないのかもしれない。

読　者　じゃあ、ここで「道徳観の違い」はひとまず脇に置きませんか？「道徳観の違い」は実は小さい、とさっき話したところですから。

哲学者　それなら、ここで質問しよう。君は、人間が基本的に同じような道徳観をもつのは、多くの出来事に対して似たような反応をする生きものだからだと思うか？

読　者　確かにそうです。けが人を見れば、誰だって同情します。だから、緊急事態には助け合わなければならないと誰もが考えるわけです。助け合うという考えは学校で教えられもするけれど、僕たちの遺伝子に組みこまれたものでもあると思います。これはもしかしたら進化論的に説明できるかもしれませんね。

哲学者 もちろんだ。協力は生存競争を生き抜くために必要な行為だ。人間が協力するのは、助け合う、つまり、ある程度利他的に行動する習性をもつからだろう。

読　者 人間が道徳心をもつのは進化の過程で獲得した習性のせいだというわけですね！

哲学者 だが、人間は非道徳的にふるまう動物でもある。だとしたら、その習性も進化論的に説明できなければならないだろう。

読　者 非道徳的にふるまう習性を進化論的に説明できるとなると、何か問題ですか？

哲学者 問題だ。それができると、非道徳的にふるまう習性も進化の過程で獲得した習性だと言えてしまうので、人間が道徳心をもつのは進化の過程で獲得した習性のせいだ、とは言えなくなるからだ。

読　者 つまり、どういうことですか？

哲学者 道徳を進化論的に説明するのは難しいということだ。数学についても同じことが言える。数学の真理を進化論的に説明することは難しいだろう。

読　者 そうですね。数学とは客観的真理を扱う学問ですからね。

哲学者 だが、人間がもつ数学力は、進化の過程で自然淘汰されることなく養われた能力と言えないだろうか？

読　者　それは言えるでしょう。ですが、数学には客観的な基準があります。人間の能力なんて数学の基準から見れば、人間は間違いばかり犯していることがわかります。人間の能力なんてたかが知れていますよ。誤算し、ミスばかり犯してしまう。

哲学者　道徳についても同じことが言えるのではないかな。我々人間は間違ったことをたくさんしてしまう。嘘をついたり、だましたりする。しかも、それをときには正しいとみなしてしまう。

読　者　それは単に感覚の違いではないでしょうか。そうした行為に対して別の感覚をもっている人は、「それは間違っている」と言うでしょうからね。

哲学者　では、もし誰かが「BだからA」なので「AだからB」だ、という数学的答えを出したとする。この答えをおかしいと感じる人だけが「彼の答えは間違っている」と言うことができるのだろうか？

読　者　数学の場合、問題になるのは感覚ではなく、客観的事実です。答えは「正しい」か「間違い」かの一つしかありません。

哲学者　それは道徳だって同じだろう？　数学と道徳の共通点は、進化論的に説明できそうな部分はあっても、それをもとに本質を解明することはできないという点だ。

読　者　もしかして、あなたは道徳にも数学と同じくらいの客観性があると言いたいのですか？

メモ（四）

道徳は神から与えられたから客観的に正しい、と言えるのでしょうか？「神が私たちに道徳を与えたのは、それが客観的に正しいから」、「道徳は神から与えられたから、客観的に正しい」という考えは、どちらも問題があります。では、道徳とは私たち自身の感覚が世界に「投影」されたものなのでしょうか？道徳が私たちの感覚から成り立つものなら、「道徳観の違い」は存在しないはずです。「道徳観の違い」が存在するのは、どんな行ないも道徳的に「正しい」か「正しくない」かのどちらかだと私たちが信じているからです。人間は道徳的に正しい行ないをする習性があるように見えます。これは進化論的に説明できるかもしれません。しかし、人間は道徳的に正しくない行ないをする習性もあるように見えます。そうなると、どちらの習性も進化論的に説明できるかもしれない、ということになるので、人間が道徳心をもつのは正しい行ないをする習性があるからだ、とは言えなくなります。道徳は数学と同じように進化論的に説明することが難しいのです。

道徳と数学

哲学者　ディヴィッド・ロス[訳注2]をはじめとする多くの哲学者は、道徳と数学を比べることは重要だと考えた。なぜなら道徳的なものや数学的なものは実験や「観察」を通して認識できるわけではないという点で似ているからだ。

読　者　でも、数学という学問は証明にもとづいています。道徳にそういったものはありません。

哲学者　だが、何かを証明するには必ず前提が必要になる。最初に置かれる前提を数学では「公理」[訳注3]と呼ぶ。この公理がなければどんな証明も解くことができない。

読　者　つまり、数学では「公理」が「決めごと」というわけですね。道徳みたいじゃないですか！

訳注2：一八七七〜一九七一年、スコットランドの哲学者。認識は経験や推論ではなく直観によるという直観主義の立場で倫理学を研究した。

訳注3：数学では、証明できないが明らかに真実であると思われる命題を公理と呼ぶ。たとえば、幾何学では「二つの点を結ぶ直線が存在する」という公理を前提とすることができる。

哲学者　君は本当に「決めごと」が好きだな！　まあ、数学の中で「公理」は確定されたものとみなされているのだから、「決めごと」と言ってもいいだろう。数理哲学者ならここで議論をはじめるかもしれないが、我々は道徳と数学を比べたいだけなので、「公理」を人間の理性がすぐ理解できる原理と考えて、話を進めよう。

読　者　人間の理性がすぐ理解できる原理とはどういうものですか？

哲学者　たとえば、「含有成分が同じ二つの物質は質量も同じである」。

読　者　それは明らかに正しいですね。

哲学者　そうだ。「公理」とはそんなふうにすぐ理解できるものなのだ。

読　者　あなたはもしかして、道徳の原理もそんなふうにすぐ理解できるものだと言いたいのですか？　残念ながらそれはないですよ。

哲学者　たとえば、「公平は正しい」という原理はすぐに理解できるものだと言えないだろうか？

読　者　言えるかもしれません。でも、昨日話したような道徳の原理はもっと難しいものでしたよ。「功利」をできる限り増やす、なんて考えはすぐに理解できませんから。

哲学者　もっともだ。それに、「公平は正しい」と理解することは、道徳的なものを理解していることにはならないからな。

読　者　なぜですか？

哲学者　「公平は正しい」と理解するのは、「公平」という概念を理解していることにしかならないからだ。人間は、正しく分けることを「公平」と呼び、正しく分けないことを「公平」とは呼ばない。それだけのことなのだ。

読　者　それでも、僕たちはそこにある道徳的価値を理解していることにはなりませんか？

哲学者　いや、概念を理解していると言ったほうがいいだろう。「公平は正しい」というのが確実なら、「何をすべきか」なんて考える必要はない。「何をすべきか」を考えれば、かえってどうすればいいかわからなくなるだけだ。

読　者　つまり、概念を理解してしまうと「すべきことは公平なこと」、「すべきでないことは不公平なこと」と考えるしかない、ということですか？

哲学者　そうだ。

読　者　そうなると、数学の「公理」を理解することも結局は特定の概念を理解しているだけ、ということになりませんか？

哲学者　そうとも考えられる。数学の「公理」はすべて「数」という概念から成り立っていると言えるかもしれない。もしそうなら、数学的なものを認識することは道徳的なものを認識することとはまったく異なるということになる。なぜなら本当の道徳的認識は概念だけを理解することではないからだ。わかりやすく言うと、功利主義の概念が理解できず、その道徳の原理に反対する人に、「君は言葉の理解力が足りないから功利主義者が説く道徳の原理を理解できないのだ」とは言えないということだ。

読　者　なるほど。でももし、数学的認識が概念以外のものも理解することだとすれば、どんなふうに話は変わりますか？

哲学者　道徳と数学を比較することに意味はなくなるだろう。なぜなら、そう考えると、では数学的認識とはそもそも何なのか、という疑問が生じて、道徳的認識と数学的認識を比較できなくなってしまうからだ。

読　者　どっちみち僕たちは、客観的な数学的認識というものが**ある**と信じています。

哲学者　それなら、客観的な道徳的認識というものがある、とも信じていいのではないかな？　我々は本当に身体不可侵権のような人権をただの「決めごと」だと思っているのだろうか？　もし、そういった人権がただの「決めごと」だとすれば、他人を理由なく傷つけることは「客観的に見れば」悪いことではないが、やってはいけないという「決まり」があるからやらないだけだ、とみんなが思っていることになってしまう。

読　者　それは嫌な想像ですね。でも、どうすれば、道徳が主観的なものではなく、客観的なものだと思えるようになるのですか？

哲学者　そこが一番の問題だ。実は、我々は道徳を客観的なものとみなしてもいる。その証拠に、道徳を「決めごと」や自分自身の感覚の「投影」と思って守っている人はいないだろう。だからといって、道徳が純粋に客観的なものだと信じることもできずにいる。道徳はまったく主観的なものではないが、それでも主観的なものに違いないとどこかで思っているからだ。道徳の客観性を明らかにしようとすれば、必ず主観性の問題が出てくる。ヴィトゲンシュタインはこういった矛盾を哲学の典型的な問題とみなし、「そうではないが、そうに違いない」という言葉で表現した。

読　者　いい表現ですね。でも、どうすればこの道徳の問題を解くことができるんですか？

哲学者　基本的に二つの方法がある。道徳が「決めごと」、または、感覚の「投影」であることを明らかにして、道徳の客観性を否定するか、道徳の客観性を証明するかだ。

読　者　きっとあなたは二つめの方法をとるんでしょうね。数学との比較をこのまま続けるつもりですか？

哲学者　いいや。自然科学と比べたほうがいいように思えてきたな。

メモ（五）

道徳的なものや数学的なものは、実験や「観察」を通して認識するものではないようです。数学的認識は「数」という概念を理解していることにしかならないのでしょうか？　もしそうなら、数学的認識と道徳的認識はまったく異なるということになります。なぜなら道徳的認識は概念だけを理解することではないからです。ですが、仮に数学的認識が概念以外のものも理解することだと考えるなら、数学と道徳は同じ課題（数学的、道徳的認識とは何か？）を抱えることになるので、両者を比較する意味はなくなります。とにかく、道徳の客観性を明らかにしようとすると「道徳はまったく主観的なものではないけれど、それでも主観的なものに違いない」という矛盾に陥ります。ヴィトゲンシュタインはこのような矛盾を哲学の典型的な問題とみなしました。

道徳と自然科学

読者　僕は道徳と自然科学を比較しても意味がないと思うんです。だって、科学的なものは、実験したり「観察」したりすれば認識できます。でも、道徳的なものは、実験したり「観察」したりしても認識できませんからね。

哲学者　だが、多くの哲学者は、「科学的観察」があるように、「道徳的観察」というものもあると考えた。

読　者　なぜそんなことが言えるのですか？　たとえば、奴隷制度が正しくないというのは目で**見る**ことはできませんよ。視覚的に判断できるものではありません。

哲学者　だが、それは見る本人のものの見方にかかっている。たとえば、他人から何かを強要されることは悪い、と考えている人は、奴隷が他人から酷使されていることが見えるだろう。

読　者　でも、それは「道徳的観察」とは言えませんよね。他人から何かを強要されることは悪い、という考えが道徳的なだけです。

哲学者　それは、科学的観察も同じではないかな。ここで、物理学の例を挙げよう。たとえば、君は霧箱をもっているとする。霧箱とは原子や素粒子の飛跡を蒸気の凝結作用によって視覚化できる装置だ。君は今、それを使って、陽子[訳注4]を見ている。だが、君は実

訳注4：水素原子の原子核であり、あらゆる原子の原子核を中性子とともに構成する粒子。

際に陽子を「観察」していることになるだろうか？

読　者　なりませんか？

哲学者　実際の陽子は目には見えないほど小さい。こう考えると、君はただの水蒸気を見ていることになる。物理学の理論に従えば陽子の飛跡だと**考えられる**水蒸気を「観察」しているのだ。自然科学における「観察」とは結局、理論を前提に成り立つ、いわゆる「理論上」のものなのだ。

読　者　それは別に悪いことではないでしょう？

哲学者　そう。物理的観察が悪くないのだとしたら、「道徳的観察」が道徳的な考え、つまり道徳の理論を前提に成り立つと考えても悪くないんじゃないかな？

読　者　道徳は違います。

哲学者　どう違うのかな？

読　者　僕にもわかりません。ただそう簡単に言えるものではないということです。

哲学者　確かにそうだ。これについては哲学者の間でも多くの議論がなされてきた。私はこの科学と道徳の違いを重要なポイントだと考えている。霧箱を使って陽子を見ても本当の陽子を見ていることにならない、と言われるのは、陽子は実際は小さすぎて見えないからだ。一方、奴隷制度の「悪」を目で見るなどできないと言われるのは、**根本的**

に「悪」は「観察」できるものではないからだ。「悪」の大きさや長さを測ったりはできないだろう？

読　者　そのとおりです。僕は、「悪」を目で見ろ、と言われると、まるでGDP（国内総生産）を見ろ、と言われているような気がしますよ。

哲学者　いいたとえだ。だがGDPは直接的ではないにしろ「観察」して得た数値をもとに導きだされたものだ。一方、「悪」は「観察」したり測ったりできるようなものではない。数学的に言えば、「悪」は数値化できないのだ。

読　者　そう、普通はできませんよね。

哲学者　なぜ「道徳的観察」が受け入れがたいのかは、こう説明できるかもしれない。道徳は、正当な理由がある正しい行為、つまり理性的に考えて行なう**べき**行為を人間に教えるものだ。その一方で、人間が自分の目で見られる、つまり、「観察」できるのは、世界のものごとが実際にどう**ある**かということだけだ。デイヴィッド・ヒュームは「『ある』から『べき』を導きだすことは絶対にできない」と言った。「ある」しか見られない人間が「べき」を知ることはできない、と言うのだ。これが、ジョージ・エドワード・ムーア[訳注5]が言った「自然主義的誤謬《ごびゅう》」というものなのかもしれない。

読　者　「自然主義的誤謬」とは、たとえばどういったものですか？

哲学者　強いものが弱いものを制すのは自然の摂理だから、強いものは弱いものを制すべきだ、というような考えだ。これは間違いとは言えないだろうか？

読　者　明らかに間違いですよね。

哲学者　実際にそんな考えをそのまま信じる人はいない。だが、この考えの中には「自然に起こることはいつも正しい」という「暗黙の了解」が潜んでいる。これがほとんどの場合、間違いのもとになる。

読　者　確かに、「自然に起こることはいつも正しい」なんて「暗黙の了解」は「納得できません」ね。人間が病気にかかるのは自然だけれど、それが正しいとは言えませんから。

哲学者　そうだ。だが、ここではっきりと言っておきたいのは、こういった「自然主義的誤謬」は少しでも「納得できる」「暗黙の了解」をもつことで常に避けられるということだ。その「暗黙の了解」は、「〜すべき」、または「よい」や「正しい」といった概念を含んでいるものでなくてはならない。そうでなくては「ある」に対立する「べき」にはならないからだ。

読　者　ようやく道徳と数学、道徳と自然科学を比較するのは無駄だとわかってきました。だって道徳が扱う問題は「べき」であって、数学や自然科学のような「ある」ではないからです！

哲学者　まあ第一印象としてはそうだろうな。だが私は、自然科学についてもう少し詳しく見ていきたいと思う。

メモ（六）

道徳は自然科学と比較できるのでしょうか？　科学的観察は多くの場合、科学的理論を前提に成り立っています。だとすると、道徳的理論を前提にすれば、道徳的観察も可能になるのでしょうか？　ところが、道徳は根本的に観察と結びつけることができないように思えます。なぜなら道徳が扱うのは「べき」であって、数学や科学における観察可能な「ある」ではないからです。「ある」から「べき」を導きだすことはできないのです。「ある」を「べき」と解釈しようとする人は、「自然主義的誤謬」に陥ります。このことが、道徳は科学とはまったく異なるものだという証明になるでしょうか？

訳注5：一八七三～一九五八年、イギリスの哲学者。分析哲学の礎を築いたとされる。

客観的に正しい根拠を求める

哲学者　ここで重要なのは、自然科学も、人間が認識しなくてはならない「べき」という問題を扱っているのではないだろうか、と考えてみることだ。私は扱っていると思っている！

読　者　なぜですか？　自然科学の中心課題は、自然界のしくみ、つまり「ある」を解明することのはずですが。

哲学者　そのとおりだ。だからといって、自然現象をただ説明すればいいわけではないはずだ。

読　者　もちろんです。人間は自然現象を理解したいと思っていますからね。

哲学者　さらに予測したいとも思っている。つまり、人間はこの先何を信じて生きるべきか、直接経験したわけではない過去をどう信じて生きる**べき**かを知りたいと思っているのだ。

読　者　でも、その「べき」は道徳が扱う「べき」とは違いますよ。道徳が扱う問題は「何をすべきか」であって、「何を信じるべきか」ではないですよね。

哲学者　そのとおりだ。だが、自然科学が扱う「べき」も道徳が扱う「べき」も、表しているのは知識や行ないの「根拠」であり、「理性的な人間に対する正しい要求」だ。つまり、人間は道徳から、「**理性的**な人間として何をすべきか？」を学び、自然科学から「**理性的**な人間としてこの先何を信じるべきか？」を学ぶのだ。

読　者　「理性的」という言葉の意味については今日、最初に話しましたよね。話がふりだしに戻ったということですか？　じゃあおききしますが、「理性的」という言葉は、自然科学においても道徳においても同じ意味をもつのですか？

哲学者　どちらの場合も「理性的である」とは「客観的に正しい根拠を求める」という意味にとれるだろう。先にも話したが、ただ単に、心の中に「矛盾がない」ことではないのだ。

読　者　でも、自然科学は「矛盾をなくそうとする」学問でもあると思います。たとえば、科学者の予測は単なる「推論」をもとにしています。学校の物理の授業で、電気回路を流れる電流は加えた電圧に比例する、というオームの法則を習いましたよね。これも、電圧を上げれば同時に電流も増える、というものごとをわかりやすくする（ものごとの「矛盾をなくす」）ための「推論」でしかありません。

哲学者　君の言うとおりだ。人間は「とりあえず」自然法則を知ると、理論上、理性的な人間として信じるべき**もの**を手に入れることができる。そう考えると、自然科学が行なっているのはただ単に理論上の「矛盾をなくす」ことだと言えるかもしれない。だから、我々はオームの法則を知ってはいても、電圧を上げすぎて停電が起こるのを実際には予測できないのだ。

読　者　でも、さっきあなたは、道徳における「理性的である」とは、ただ単に「矛盾がない」ことではなく、「客観的に正しい根拠を求める」ことだと言いましたよね。自然科学がものごとの「矛盾をなくそうとする」ものでもあるなら、自然科学と道徳では「理性的」の意味が異なるということになりますよ。

哲学者　理論上の「矛盾をなくす」ためだけに、「とりあえず」自然法則を知ろうとするのが科学だと言う**なら**、そう言えるだろう。だが、自然科学の中心課題は、確実に自然法則を知る方法を見つけだすことにある。

読　者　「観察」すればいいんです。

哲学者　だが、「観察」を通して自然法則を確実に知ることはできない。「観察」すればすべてが明らかになるなら、予測なんてする必要はないだろう。「観察」から「観察」を通して知る以上のものを知ることはできないのだ。デイヴィッド・ヒュームは「限りある観察データから普遍的な法則を導きだすことはできない」と言った。これがヒュームの思想としてよく知られる、自然科学の推論が陥る問題、「帰納法の問題」と呼ばれるものだ。

読　者　でも「観察」をもとにした自然科学の「推論」は数多くあります。たとえば、「太陽はこれまでずっと朝にしか昇らなかったから、この先もずっと朝にしか昇らない」というのもそうです。まあ、天体の位置関係が劇的に変われば話は別ですが。

哲学者　だが、それは**論理的**な推論とは呼べない。「太陽はこれまでずっと朝にしか昇らなかった」という前提は事実でも、結論は間違っている可能性があるからな。バートランド・ラッセル訳注6の七面鳥のたとえ話は、こういった帰納的推論訳注7の欠点を指摘したものとして有名だ。「一年間、毎朝、餌をもらいつづけた七面鳥は、この先もずっと、毎朝餌をもらえると思う。だが、もうすぐクリスマスがやってきて、ある日、その七面鳥は……」という話だ。

読　者　じゃあ、人間はどうすれば自然法則を確実に知ることができるのですか？

哲学者　それこそが、自然科学が突き当たる大きな問題だ。それについては長い間、議

訳注6：一八七二〜一九七〇年、イギリスの哲学者、論理学者。新ヘーゲル主義から経験主義に転向し、初期の論理実証主義に大きな影響を与えた。
訳注7：個々の具体的な事例から一般に通用するような原理・法則などを導きだすこと。

論が行なわれてきた。だが、「観察」は**論理的な方法ではない**と知りつつも、「観察」を通して自然法則を探しつづけるしかないというのが答えだと私は思っている。電圧を上げると電流が増えると何度も「観察」したという事実は、「電気回路を流れる電流は加えた電圧に比例する」という考えの根拠になる。この根拠は、もちろん論理的ではないし、「次に観察すると、電流は加えた電圧に比例しないかもしれない」という可能性を消し去るものでもない。

読　者　次に観察すると何が起こるかは、実験すればわかりますよ。

哲学者　だが、実験しても実験結果が増えるだけで、状況は根本的には何も変わらない。科学的認識は、特定の事実を論理的ではないが予測の根拠とみなすことではじめて成り立つものだ。一方、道徳的認識は、特定の事実を論理的ではない、つまり、一貫性はないが、正しい行ないの根拠と解釈することではじめて成り立つのだ。

読　者　でも、あなたはさっき、道徳的なものは「観察」を通して認識できるものではないと言ったではないですか。

哲学者　自然科学の場合も道徳の場合も、根拠というものははっきりと「観察」できるものではない。我々は特定の事実を「観察」し、その結果を、自然科学では予測の根拠と**みなし**、道徳では正しい行ないの根拠と**みなし**ているだけだからな。だが人間は、特定の事実は根拠とみなすのに、別の事実は根拠とはみなさない。それは、「観察」の結果のせいではなく、我々自身のせいだ。

読　者　つまり、何を根拠とみなすかみなさないかの判断は、主観的なものでしかないということですか？

哲学者　そうは言いたくない。我々人間はものごとの根拠を自分で選べはしないからな。その一方で、自分なりの考えを常にもちつづけている。それによって判断が違ってくるのだ。こう考えるとわかりやすいかもしれない。人間は「特定の考えをもたない状態で」予測の根拠と正しい行ないの根拠について尋ねられたら、「理性的な人間は観察結果をもとに予測を立てる」、「理性的な人間は特定の出来事に対しては特定の反応（行為）をする」としか答えられないのだ、と。

読　者　たとえばどういうことですか？

哲学者　たとえば、「太陽はこれまでずっと朝にしか昇らなかった」という観察結果から「この先もずっと朝にしか昇らないだろう」という推測を立てない人、「自分や他人が痛い目にあう」という事実を「人を傷つけてはならない」理由と解釈しない人は、理性的でないとしか言えないのだ。それ以外に答えはない。ヴィトゲンシュタインの言葉を借りるなら、ここで「鋤《すき》が曲がる」[訳注8]。つまり、我々は「理性的な人間は、理論的にも現実的にも、目の前にあるものごとを世界として解釈する」としか言えないのだ。「理性的な人間」とはそういうものだと**思うしかない**。

読　者　でも、あなたは今、人間は自分なりの考えを常にもちつづけると言いましたよね。だとすれば、我々自身がもつ自然科学や道徳についての考えはいったいどこからくるのでしょうか？

哲学者　人間はまず、予測や正しい行為の根拠を直観的に把握し、それを自分の考えとする。そして、その考えを観察を通して押し広げ、普遍的な考え、つまり、科学的、道徳的理論へとまとめあげていく。だが、それらが現実にそぐわないと感じると改善し、修正しようとする。太陽の例をもとに説明しよう。理性的な人間はまず「太陽はこれまでずっと朝にしか昇らなかった」という事実をもとに「太陽はこの先もずっと朝にしか昇らないだろう」と考える。そして、天体観測をさらに続けることで理論を修正していく。つまり、ある事実をもとに「宇宙は時間とともに変化するだろう」と新たに考えるようになったら、「太陽はこれまでずっと朝にしか昇らなかった」という観察結果をもとに「この先も**ずっと**朝にしか昇らないだろう」と考えることをやめるのだ。

読　者　じゃあ、道徳の場合はどうなりますか？

哲学者　我々は通常、痛みを与える行為は禁止されるべきだと考えるが、痛みに耐えるほうがいい場合もあること、たとえば歯の治療などがあることを知ると、事実上「道徳理論」を修正する。

読　者　じゃあ、僕たちは現実の出来事の中でものごとの是非を判断しながら、自分がもつ道徳理論を再確認しているというわけですか？

哲学者　道徳理論を再確認していると言うよりはむしろ、現実の出来事の中で我々が下した判断と理論の間の均衡を保とうとしている、と言ったほうがいいだろう。ジョン・ロールズはこれを「反照的均衡」と呼び、「人間は個々の出来事の中で自らが下した判断にほとんど当てはまらない理論を捨てたり、確証された理論に当てはまらない個々の判断を無視したりしながら、個々の判断と理論との均衡を保っている」と説明している。これは、道徳の理論だけでなく自然科学の理論にも言えることだという。人間はこの調整プロセスを何世代にもわたって続けている。そうやって、実践と教育から得られた自然科学や道徳の知識を後世に伝えているというわけだ。こういった調整は、理性的な人間が外界と関わることで繰り返し行なわれなければならない。

読　者　道徳と自然科学の共通点がやっと見えてきましたよ。でも本当のことを言うと、

訳注8：これ以上掘り起こせない＝これ以上追究できないという意味。

これまでの話を聞いて、僕ははたして、道徳が主観的ではなく客観的なものであることを理解できるようになったのか、それとも、自然科学の客観性に疑いをもつようになったのか、よくわかりません。

哲学者 そんなことはあまり気にしないほうがいい。だが、一つだけ言えることがある。「科学の客観性を本気で疑う人は一人もいない」ということだ。我々は自然科学と道徳は「客観的に正しい根拠を求める」という点で似ていることに気づいた。だから、「道徳の客観性を疑う人は一人もいない」と言ってもいいのではないだろうか。

読　者 それについては、あとでゆっくり考えてみたいと思います。

メモ（七）

自然科学は私たちに、信じるべきものを教えてくれます。ものごとの矛盾をなくしたいときだけでなく、客観的事実ではあるが、論理的ではないことがらを予測の根拠とみなしていいかどうかわからないときにも、信じるべきものを示してくれるのです。自然科学と道徳の中心課題は「客観的に正しい根拠を求めること」です。理性的な人間は、観察した事実を科学的予測や道徳的行為の根拠とみなし、さらなる観察を通して考えを修正しながら体系的な理論をまとめあげていきます。現実の出来事の中で個人が下す判断と理論を調整する「反照的均衡」は、自然科学にも道徳にも見られます。自然科学と道徳がこんなにも似ているなら、道徳には自然科学と同等の客観性がある、と言えるかもしれません。

木曜日

何を知ることができるのか？

懐疑論的挑戦

哲学者　哲学の話の後半に入る前に、アンブロシア[訳注1]・クッキーとネクタル[訳注2]のソーダ割りはいかがかな？

読　者　ありがとうございます。ああ、おいしい！

哲学者　アンブロシアもネクタルも身体にとてもいいぞ。

訳注1：ギリシャ神話では神々の食べ物。これを食べると不老不死になると言われる。
訳注2：ギリシャ神話では神々が飲む酒。これを飲むと不老不死になると言われる。

読　者　ところで、昨日はどこで話が終わったのでしたっけ？

哲学者　昨日は、道徳的認識、数学的認識、科学的認識とはどういったものかを考えた。そのまま続けて美的認識や宗教的認識について考えてもいいが、今日は一歩進んで哲学の基本問題、「人間はそもそも**何**を知ることができるのか？」について考えてみよう。

読　者　それは僕も考えたことがあります。正直言って、僕は「人間は何も知ることができない」と思っています。

哲学者　なぜ、そんなふうに思うのだ？

読　者　だって、人間が確信できるものなど一つもないじゃないですか。知っていると思っても、あとで調べてみたら間違っていたなんて、よくあるでしょ！

哲学者　もちろんだ。だが、知っていると思っていたのに、あとで調べてみたら**間違っているかどうかもわからなかった**、ということもよくあるぞ。

読　者　そんなの、ただの屁理屈ですよ！

哲学者　どうやら君の考えは私の考えと少し違うらしい。じゃあ、きくがな、今君は「人間が確信できるものなど一つもない」と言ったが、いったい何を考えてそんなことを言ったのかね？

読　者　たとえば、科学について言えば、学者の考えは常に変わります。昨日までの最新の知識が、今日はもう古いのです。

哲学者　だが、今話しているのは、日常生活における「知る」ということだ。たとえば私は今君と話をしていることや、ここの壁が白いことや、今日の天気がとてもいいことを知っている。それらが間違いということがあるだろうか？

読　者　それでも、絶対に確実とは言いきれないと思います。

哲学者　だが私は、人間は確実なものしか知ることができないとは思わない。君だって日常生活では自分の「知識」を何の疑いもなく使っているだろう？　私が君に「今日は何曜日だ？」ときくと、君はためらいなく「木曜日です」と答えるに違いない。心の中では「確実なものなど何もない」と思っているとしても、だ。

読　者　まあ、そうです。日常生活で「確実なものなど何もない」なんて本気で思うことはありませんからね。でも、僕が言いたいのは、人間はいつでも本当でないものを本当だと思いこめるということです。

哲学者　そうかな？　たとえば、私は今、君と話をしていると思っている。それをどうやったら、私の思い違いだと言えるのかな？

読　者　あなたは僕と話をする夢を見ているだけかもしれません。でも、なぜ僕があなたに説明しなきゃならないんですか？　それは哲学のテーマとしてよく知られているものじゃないですか。

哲学者　そうだ。哲学の重要なテーマの一つ、いわゆる懐疑主義だ。このテーマに没頭した懐疑主義者と呼ばれる哲学者たちは「夢かもしれない」ということを理由に目の前の現実を疑いつづけた。だが、私は目の前にある現実が「夢かもしれない」などとは思わない。

読　者　なぜですか？　人間は夢と現実を区別できません。だから、僕は今あなたと話していることが夢なのか現実なのかを知ることはできないのです。

哲学者　いや、夢と現実は区別できるぞ。最近見た夢を思い出してごらん。今、君が目覚めている状態で体験していることと本当に区別がつかないかね？

読　者　そうきかれたら「区別できる」と答えるしかありませんね。でも、「どう区別できるのか」は説明できません。

哲学者　こう説明できるかもしれない。夢は、君が想像していることであって、実際に知覚したり体験したりしていることではない、と。たとえば、男性を一人想像してほしい。

読　者　想像しました。

哲学者　今、君が想像した男性の靴の色は茶色かな、それとも、黒かな？

読　者　靴の色までは想像しませんでした。

哲学者　それが夢というものなのだよ。つまり、夢で見ている家は実際に見ている家ではなく、想像の産物にすぎない。だから詳細が欠けている。さらに言うと、夢には秩序もなければ、関連性もない。こう考えると、夢と現実の違いはいくらでも見つかるだろう。ジョン・オースティン[訳注3]は、「夢が現実の体験と同質のものであるなら、どんな体験も『夢のある』ものになるので芸術家は何の苦労もせずに『夢のある』作品をつくることができるだろう。いや、むしろ『夢のある』作品しかつくれないということになるだろう」と言った。だが、そんなはずはない。そもそも「夢のある」作品をつくれないから芸術家は苦労しているのだ。だから、私は目の前のこの現実を疑ったりしない。

読　者　それでも、懐疑主義者は「夢かもしれない」ということを理由に、目の前の現実を疑いつづけるのですよね。

哲学者　そうだ。だが、懐疑主義者は本気で「夢かもしれない」と思っているわけではない。夢と現実が同じだと言っているわけでもない。ただ、人間の知覚は現実の世界か

訳注3：一九一一～六〇年、イギリスの哲学者。発話行為（言語行為）についての先駆的な研究で知られ、ヴィトゲンシュタインと並んでイギリスの言語哲学の重要な位置を占めた。

ら完全に「切り離せるもの」だと言いたいだけだ。

読　者　つまり、映画の『マトリックス』のようにですか？　そういえば、『マトリックス』の話は月曜日にもしましたよね。

哲学者　そうだな。懐疑主義の代表論者であるルネ・デカルト[訳注4]も現実を「夢」であると疑い、「人間はどんな嘘も信じることができるのではないか」と考えた。そして、人間に間違った考えや思いこみを植えつける**悪霊**（genius malignus）がいる、という仮説を立てて、現実と「夢」を解明しようと試みたのだ。だが、そんなデカルトが最終的に突き当たったのは、「どうすれば人間は、自身がそういった悪霊にだまされているかどうかを知ることができるのか」（これを『マトリックス』に置き換えるなら、「どうすれば人間は、自身がスーパーコンピュータに制御されているかどうかを知ることができるのか」）という問いだった。

読　者　結局、人間は何も知ることができないというわけですね！　さっきも言ったように、この世に確実なものなど何もありませんからね。

哲学者　確実なものがないのは悪いことではないぞ。日常生活では、確実でなくても知ることができるものはたくさんある、と話したばかりではないか。だが、人間は何かを確信できたとしても、自分自身が悪霊からだまされているわけではないと言いきることはできないのではないだろうか。我々が今こうやって話していることが悪霊のつくりだした幻でないと言える**根拠など、どこにもない**のだ。我々は日常生活で自らの「知識」を何の疑いもなく使っていながら、結局は何も知らない。私が今こうやって話していることが現実だという根拠すら、どこにもないのだ。

読　者　懐疑主義もここまでくるとちょっと「行き過ぎ」ですよね。もちろん、僕たちは常に、信じていることが間違っている可能性があると思って生きるべきだとは思いますよ。でも、だからといって自分の知識のすべてがただの思いこみだとは思えません。

哲学者　もちろんだ。だが、二つの可能性があったとして、そのどちらも信じるに足るだけの根拠はないのに、そのうちのどちらかを信じれば、それはその人の勝手な思いこみと言えるだろう？　理性的な判断とは言えないからな。たとえば、君は大好きなハンドボールのチームが週末の試合で勝ったか負けたかを知らないとする。それなのに何の根拠もなくチームが勝ったと信じれば、それは理性的な判断とは呼べないのだ。だが、「知る」という概念を我々より広い意味で理解する懐疑主義者なら、ここで「**君はどん**

訳注4：一五九六〜一六五〇年、フランスの哲学者、数学者。方法的懐疑を通じて哲学の第一原理「我思う、故に我あり」の命題を考えだし、そこから物心二元論の哲学を確立した。

なことをしてもチームが勝ったことを**知ることはできない**」と言うだろう。

読　者　つまり、あなたは、僕が今ここで話しているという事実や、ここの壁が白いという事実や、今日は木曜日だという事実を信じることも、理性的な判断とは呼べないと言いたいのですか？

哲学者　いや、そうではない。ただ、そういった事実を疑うことはできると言いたいのだ。我々人間は、懐疑主義者が考えだした「悪霊が人間をだましている」という仮説を完全に否定できないでいる。これは、人間が信じるものはまったく根拠がない、人間は日常生活では何の疑いもなく自らの「知識」を使っているが、結局は何も知らない、ということの証拠ではないだろうか？

読　者　よくわかりませんね。

哲学者　とにかく、こういった考えを哲学では「懐疑論的挑戦」と呼んでいるのだ。

メモ（一）

人間が信じるものはすべて思いこみなのでしょうか？　確かに、人間が信じるものは不確かなものだと言えます。確実なものなど、この世にはありません。ですが、日常生活では確実でなくても知ることができるものはたくさんあります。私たちは懐疑主義者の「夢かもしれない」という考えや「悪霊が人間をだましている」という仮説を完全に否定できないでいます（本気で信じているわけではないとしても）。それは、人間が信じるものにはまったく根拠がない、人間は日常生活では何の疑いもなく自らの「知識」を使っているが、結局は何も知らない、という証拠なのかもしれません。こういった考え方を哲学では「懐疑論的挑戦」と呼んでいます。

「知る」とはどういうことか？

読　者　それで、「懐疑論的挑戦」にこれからどう取り組むおつもりなのですか？

哲学者　まずは、「知る」とはどういうことかを明らかにしてみよう。

読　者　そんなことできるんですか？

哲学者　哲学では、ある概念を明らかにするときは、「本質定義」と呼ばれる定義づけをする。つまり、その概念を概念たらしめる必要条件と十分条件を明らかにして、その概念を定義するのだ。

読　者　わかりやすく説明してもらえますか？

哲学者　たとえば、「独身男性」という概念を定義してみよう。「独身男性」とは「未婚の男性」のことだ。この場合、「独身男性」であるための必要条件の一つめが「未婚であること」、二つめが「男性であること」になる。この二つを合わせた「未婚の男性であること」は十分条件になる。つまり、「未婚の男性」はみんな必然的に「独身男性」となるのだ。

読　者　要するに、あなたはその方法を用いて「知る」という概念を定義したいわけですね。でも具体的にはどう考えればいいんですか？

哲学者　まずは簡単に、どういった状況であれば、我々は「あの人は○○を知っている」と言うことができるのかを考えてみよう。たとえば、ある人はジャムが冷蔵庫にあることを「確信」していない。それなら、我々は「あの人はジャムが冷蔵庫にあることを知っている」と言えないはずだ。

読　者　つまり「知る」の必要条件は「確信」ということですか？

哲学者　そうだ。だとしたら、「確信」は「知る」の十分条件になるのだろうか？

読　者　ならないと思います。だって、人間の確信は間違っていることもありますから。

哲学者　そうだ。だから、「確信」していることが「真実」であることもまた「知る」の必要条件になる。勘違いは「知っている」ことにはならないからな。では、君は「真実を確信すること」が「知る」ことだと思うかい？　つまり、必要条件である「確信」と「真実」を合わせた「真実の確信」という条件は、「知る」の十分条件になると思うかね？

読　者　どうかなあ。でも、偶然「真実を確信した」場合は、どうなんでしょう？　たとえば、星占いを信じる人がいますよね。星占いを信じて宝くじを買ったら本当に当たった、なんてことはよくあります。この場合「真実を確信した」ことになりますが、「知っていた」ということにはなりませんよね。

哲学者　だから哲学者は「確信」が「根拠づけられた」、つまり、「正当化された」ものであることも「知る」の必要条件だと考えたのだ。そして、「**正当化された（根拠づけられた）**真実の確信」が「知る」の十分条件だと考えた。この定義に従えば、星占い支持者（こういう表現があるかどうかは知らないが）の場合は、自らの「確信」に根拠が欠けているので、宝くじに当たることを「知っていた」ことにはならないのだ。

読　者　これで、「知る」を定義する条件はすべてそろいましたか？　要するに、「知る」とは、「正当化された真実の確信」なのですか？

哲学者　基本的にはそうなるだろう。プラトンが「知る」、いわゆる「知識」[訳注5]をそのように定義して以来、哲学では「知る」とは「正当化された真実の確信」[訳注6]であるとみなされてきた。だが、最近の五〇年間で哲学者たちはこの定義の欠点を見つけてしまった。つまり、「正当化された真実の確信」という条件は、「知る」を定義するには十分でないと発見したのだ。例を挙げてみよう。クラウディアは、職場のライバルであるフランツがある仕事を任されることを確信している。それには根拠がある。上司が一度クラウディアに、その仕事をフランツに任せるつもりだと打ち明けたからだ。また、クラウディアは、フランツがズボンのポケットにコインを一〇枚入れていると確信している。これにも根拠がある。彼女はフランツがコインをポケットに入れるところを見たからだ。ここでクラウディアは考え、こんな結論を出す。「その仕事を任される人はズボンのポケットにコインを一〇枚入れている」と。実際に、結果はその結論どおりになる。

読者　クラウディアの「その仕事を任される人はズボンのポケットにコインを一〇枚入れている」という確信は「正当化された真実の確信」、つまり「知る」ことですよね。で、これのどこが問題なのですか？

哲学者　問題は、上司が最終的に選んだのはクラウディアだったということだ。クラウディアは自分が選ばれることを知らなかった。さらに偶然にも自分のズボンのポケットの中にコインが一〇枚入っていることも知らなかった。

読者　つまり、「その仕事を任される人はズボンのポケットにコインを一〇枚入れている」というクラウディアの「確信」は、結果的には「真実」であったにもかかわらず、クラウディアは、「実際に仕事を任される人（自分）のポケットにコインが一〇枚入っていること」を知らなかった、というわけですね。

哲学者　そういうことだ。クラウディアが「その仕事を任される人はズボンのポケットにコインを一〇枚入れている」と確信したのは偶然だったわけだ。だが、「知識」というものは「偶然」から生まれたりしないだろう？

読　者　つまり、「知る」とは「正当化された真実の確信」でもないということですね。一つきいていいですか？　哲学者は常に、こんなおかしなことばかりを考えているのですか？　哲学者は人生の本質的な課題にだけ取り組むのかと思ってましたよ。

哲学者　それなら、「懐疑論的挑戦」は本質的な課題と言えるのかね？

読　者　言えると思いますけど。

哲学者　懐疑主義者はまず「知る」こと、つまり、「知識」を定義し、その定義を「懐疑論的挑戦」の論拠にした。だから「懐疑論的挑戦」を理解したい、「懐疑論的挑戦」

訳注5：哲学では確実な根拠にもとづく認識のことを「知識」という。
訳注6：定訳は「正当化された真なる信念」。

に取り組みたいと思う人は、「知る」とは何かをまず知らなければならないのだ。先の例は、エドマンド・ゲティア[訳注7]によるものだが、それを検討すると「正当化された真実の確信」は「知る」ことではないとわかる。

読　者　でも、ゲティアの例のような状況は実際にはほとんど起こりませんよ。

哲学者　だからといって、ほとんど起こらなければいいというものでもない。「正当化された真実の確信」が「知る」こととみなされない可能性がほんの少しでもあるなら、「正当化された真実の確信」は「知る」の十分条件とは言えない。日常生活だけに心を奪われていては、こういうことに気づかないのかもしれないな。

読　者　まあ、いいですけどね。あなたの言いたいことはわかりましたよ。じゃあ、結論として「知る」、つまり「知識」とはいったい何なんですか？

哲学者　ひとことで言うのは難しい。先ほども話したが、「知識」の定義については、この五〇年間にさまざまな議論がなされてきた。現代の哲学者たちは「懐疑論的挑戦」に再び取り組むために「知識」を定義しなおそうとしたはずなのに、いつの間にか「『知識』とは何か」という問いだけが独り歩きするようになってしまったのだ。

読　者　この五〇年間にいったいどういう議論がなされたんでしょう？「正当化された真実の確信」が「知識」の十分条件でないなら、「知識」を最終的に定義するには四つめの必要条件が必要になりますよね。

哲学者　多くの哲学者がその四つめの条件をめぐって議論を闘わせた。だが、その結果わかったのは「正しい条件を見つけるのは非常に難しい」ということだけだった。ある学者が新しい条件を発表すると、別の学者がすぐにその欠点を指摘する。そんなことをただ長い間続けてきただけだ。では、ここで君に質問しよう。先の例では、クラウディアはある「根拠」を見つけて、「その仕事を任される人はズボンのポケットにコインを一〇枚入れている」と確信した。それのどこがいけなかったのだろうか？

読　者　彼女が「フランツがその仕事を任される」ことを前提に「根拠」を見つけようとしたからです。結局は、そうではありませんでした。

哲学者　それなら、「知る」とは**適切に**正当化された真実の確信であると言えないだろうか？

読　者　そうですね。でも、それが当てはまらない例はないでしょうか？

哲学者　こんな例はどうだろう？　ヘンリーが田舎道を車で走っていると、木組みの古

訳注7：一九二七年生まれ。アメリカの哲学者。論文「正当化された真なる信念は知識か」で、プラトン以来の伝統である「知識」の定義をくつがえした。

民家が見えてくる。彼はその状況から、そこに古民家があると確信する。つまり、「適切に正当化された真実の確信」をもったのだ。だが、この地域には観光客向けに偽物の古民家がたくさん建てられている。もちろん、ヘンリーはそれを知らない。古民家は車から見るだけでは本物にしか見えないからだ。だが偶然にも、彼が車から見ている古民家は本物の古民家なのだ。

読　者　また、偶然にも、彼が確信することは「真実」だったという話ですか？　だから、これは「知る」ことにはならない、と？

哲学者　そうだ。だが、ヘンリーは「適切に正当化された真実の確信」をもっていた。間違ったことを前提にして「根拠」を見つけたわけではない。彼は単に自分の目で古民家を見たことを「正しい根拠」とみなし、古民家がそこに建っていると確信したのだ。

読　者　わかりましたよ。要するに、「知る」とか「知識」とかいう概念は簡単に定義できないということですね。

哲学者　そうだ。「知識」をテーマに論文を書いた哲学者は何百人もいる。

読　者　そんなにたくさんですか。それで、あなたはこれこそが哲学だと言いたいわけですか？

哲学者　まあ、そうだ。哲学者は納得することがない。だが、それこそが哲学の原動力なのかもしれない。我々哲学者は「こんな定義は簡単だ」とばかりに概念を定義しはじめるが、いざ定義できそうになると必ず矛盾を見つけてしまう。これが哲学研究の典型的なパターンだ。まずは概念上のちょっとした問題に突き当たる。だが、ちょっとした問題のはずなのに、解けない。それで、そこには思ったより多くの問題が隠されていると気づくのだ。

読　者　隠されている問題とはどんなものですか？

哲学者　「知識」や「正当化（根拠づけ）」といった概念の定義が非常に難しいというのもそういった問題の一つだろう。だが、我々はいつまでも「知識」や「正当化（根拠づけ）」にこだわっているわけにはいかない。とりあえず「知識」とは「正しく正当化された真実の確信」だと思って話を進めようじゃないか。クラウディアが「知らない」のは、「根拠」を見つけたものの、その根拠のどこかが正しくなかったからである、と考えることにするのだ。ヘンリーも同じだ。だから、どちらの場合も「知る」ことにはならないのだ、と。

読　者　じゃあ、あなたも結局は「知識」とは何かを説明できないというわけですね。わかりました。とりあえず「正しく正当化された真実の確信」が「知識」だと思うことにします。でも、「知識」については、またいつか自分で真剣に考えてみたいですね。

哲学者 これで君も、なぜ哲学者が「知識」という概念をめぐって五〇年間も議論しつづけてこられたかがわかっただろう!

メモ(二)
「知る」、つまり、「知識」という概念を定義するのは簡単ではありません。定義できそうになると必ず矛盾を見つけてしまうからです。「知識」や「正当化(根拠づけ)」という概念の本質をとらえるのは難しいのです。「知識」を定義したければ、追究しすぎてはいけません。とりあえず、「知識」とは「正しく正当化された真実の確信」だと思うことです。

もう一度、懐疑論的挑戦

読　者 僕たちはとりあえず、「正しく正当化された真実の確信」を「知る」こと、つまり「知識」とみなすことにしましたが、それで、「懐疑論的挑戦」をさらに理解できるようになるのでしょうか?

哲学者　そうだ。君も今なら、なぜ懐疑主義者が「人間は何も知ることができない」と言うのかが理解できるだろう。彼らは、「知る」を定義するための必要条件の一つは、人間が絶対に満たせないものだと思っているからだ。

読　者　それは「真実」という条件のことですか？

哲学者　いや、「真実」は問題ではない。懐疑主義者は、人間の確信が常に間違っているとは思わない。そんなふうに思う人間は一人もいないだろう。そうではなく、人間は自分の「確信」を絶対に「根拠づけ」られない、つまり、「正当化」できないと考えるのだ。

読　者　それは、僕たち人間は勘違いをしている可能性がある、つまり、悪霊にだまされている可能性があるからですか？

哲学者　そうだ。「悪霊にだまされているかもしれない」というのは、言い換えると、我々の確信はいつだって間違っている**可能性がある**ということだ。間違っている可能性がある以上、我々はあることを確信しているとしても、それを「正当化」することはできないのだ。つまり、人間はどんなときも「知る」ことはできないのだ。懐疑主義者が、人間は自分の「確信」を「正当化」できないというのにはもう一つ理由がある。たとえば、君は自分の「確信」を「正当化」したいときには何をする？

読　者　もちろん、その理由を述べます。

哲学者　では、その理由が正しいかどうかを知らなくてはならない。つまり、理由の理由を探さなくてはならないのだ。

読　者　問題がわかってきました。理由の追究に終わりはないというわけですね。

哲学者　「正当化」には三種類あると言われている。一つめは、「正当化」をやめない。つまり、理由の理由の理由といったふうに理由を延々と探しつづけること。これを哲学では「無限後退」と呼んでいる。二つめは、理由を見つけるのをある時点でやめること。これは、最後の理由が「正当化」されないままなので、「独断（ドグマ）」と呼ばれる。三つめは、一度挙げた理由を循環的に何度も挙げつづける「循環論法」と呼ばれるものだ。この三種類の「正当化」は、古代の懐疑論者であるアグリッパが最初に考えだしたとされることから「アグリッパのトリレンマ」[訳注8]と呼ばれたり、「ミュンヒハウゼンのトリレンマ」と呼ばれたりする。「ミュンヒハウゼンのトリレンマ」という名前は、物語『ほらふき男爵の冒険』の中でミュンヒハウゼンが沼地にはまった自分と馬を自分の髪の毛で持ち上げて脱出したという、ありえないような話にちなんでつけられた。

読　者　つまり、あなたはその三つの「正当化」のどれもが失敗だと言いたいわけですね。

哲学者　確かに、懐疑主義者はそう言っている。人間は何をしても自分の「確信」を「**正当化**」することはできない、つまり、「知る」を定義するための必要条件の一つを満たせない、だから人間は「知る」ことがまったくできないと結論づけるのだ。

読　者　ちょっと待ってください。それは、矛盾していますよ。だって、懐疑主義者は、「人間は何も『**知る**』**ことができない**」ということを自分たちは**知っている**と主張しているのですから、おかしいですよ。

哲学者　そんなふうに、懐疑主義者の主張を懐疑主義的視点から批判するのは、いいことだ。こういった論法は哲学ではよく用いられるからな。自らの首を絞めるような主張は哲学では通用しない。よく見抜いたな。

読　者　「クレタ人はみんな嘘をつく」という話と同じでしょ？

哲学者　君が「エピメニデスのパラドクス」[訳注9]のことを言っているのなら、同じとは言えない。じゃあ、「エピメニデスのパラドクス」を前提にして、次の質問に答えてほしい。

訳注8：どれも好ましくない三つの選択肢のうちから一つを選ばなければならないという三者択一の窮地。
訳注9：クレタ人の哲学者、エピメニデスは「クレタ人はみんな嘘をつく」と言ったが、クレタ人が本当にみな嘘をつくなら、クレタ人である彼のこの言葉も嘘となってしまう。そうなると矛盾が生じる。

あるクレタ人が「私は今、嘘をついている」と言ったとする。彼は嘘をついているのだろうか、それとも本当のことを言っているのだろうか？

読　者　その質問、聞いたことがあります。彼が本当のことを言っているとすれば、クレタ人である彼は「嘘をついている」ことになります。でも、彼が嘘をついているとすれば、彼は「嘘をついていない」ことになります。でも、彼は「私は今、嘘をついている」と主張しているわけです。この状況で「私は嘘をついている」という主張を押しとおすためには、本当のことを言わなくてはなりません。そうなると、彼は「嘘をついている」ことにはなりません。つまり、本当のことを言えば「嘘をついている」ことになり、嘘をつけば「嘘をついていない」ことになるという矛盾が生じるのです。

哲学者　そうだ。「エピメニデスのパラドクス」とはこのように、**本当のことを言えば嘘をついていることになり、嘘をつけば本当のことを言っていることになる、という逆説**のことだ。だが、懐疑主義者の主張はそういう逆説ではない。懐疑主義者が、自分たちは「人間は何も『知る』ことができないこと」を知っていると主張すれば、それは「エピメニデスのパラドクス」同様、嘘をついていることになるが、それとは反対に、「人間は何も『知る』ことができないこと」を本当は知っていないのに知っていると嘘をついても、だからといって本当のことを言っている、つまり、「人間は何も『知る』

ことができないこと」を知っていることにはならないからだ。要するに、懐疑主義者の主張には矛盾はあっても、「エピメニデスのパラドクス」のような本当が嘘になり、嘘が本当になるという矛盾はないということだ。だから、我々は、懐疑主義者は「人間は何も『知る』ことができないこと」を「知っていない」と解釈してもかまわないわけだ。

読　者　懐疑主義者は自らの思想の中にある矛盾を解くことはできないのでしょうか？

哲学者　それは難しいな。古代の懐疑主義者の一人は、「人間は何も『知る』ことができないこと」を知りたくない、と言ったそうだ。

読　者　でも、そう言ってしまったら何も解決できませんよ。

哲学者　彼は我々に「『知りたい』という要求を捨て去るべきだ。まずは何も信じるな」と言いたかったのだ。

読　者　何のために？

哲学者　古代の懐疑主義者たちは、人間は「いい人生」を送ろうとするべきではないと考えた。人間が不幸を感じるのは、「いい人生」を送ろうとするあまりに、いろいろなものごとに対して不安を抱えてばかりいるからだ、というのがその理由だ。「望みがかなわなかったらどうしよう？」、「望みをかなえようとして逆に不幸になってしまったらどうしよう？」、「手に入れたものを失ったらどうしよう？」。こういった不安は「いい人生」を送ろうと思わなければ断ち切ることができる。つまり、要求を捨て去ることで心の平静が得られ、そのおかげで「いい人生」を送れるようになるのだ。

読　者　一風変わった「幸福論」ですね……。

哲学者　本当にそう思うのかい？　みんながよく知っている「処世訓」を少し大げさにしただけだと思うが。では君は、何かに失敗して悲しんでいる人をどうやって慰める？　我々はよく「何がいい人生かはわからない」という言葉を口にしないだろうか？　これは、「何がいい人生かを知る人は一人もいないのだから、深く考えるだけ無駄だ」という意味だろう。これこそが「懐疑主義的幸福論」なのだ！

読　者　確かに、僕たちは「ものごとにも動じない」術《すべ》をもっと身につけるべきなのかもしれません。でも、「どんなものごとにも動じない」というのは少し過剰な「幸福論」にも思えます。なんというか、それは「無関心でいなさい」と言っているように聞こえるからです。でも、どんなことにも無関心でいられる人なんていませんよね。

哲学者　では、「懐疑主義的幸福論」を「薬」とみなしてはどうだろうか。つまり、深く悩むようなことがあれば、そのときは「懐疑主義的幸福論」に助けを求めてみる。すると、心の落ち着きを取り戻せるだろう。一方、小さな悩みについては、自力で解決しようとする。

読　者　それは難しいでしょう。「懐疑主義」を一度知ってしまった人は、どんな場合も懐疑主義的に考えるはずです。

哲学者　確かに。近代の懐疑主義者がまさにそうだったな。柔軟に考えられるかどうかが、古代と近代の懐疑主義者の決定的な違いかもしれない。古代の懐疑主義者が「いい人生」を送る実際的な方法を柔軟に考えだそうとしたのに対して、デカルトなど、近代の懐疑主義者は、理論上の問題、つまり「懐疑論的挑戦」にひたすら取り組むだけで自らの思想を実生活に役立てようとは考えなかったからな。

読　者　じゃあ、近代の懐疑主義者は、「人間は何も『知る』ことができないと主張しながら、君たちこそ実際は何も知らないではないか」と批判されてもおかしくないわけですね。彼らはこういった批判をどうかわすのでしょう？

哲学者　自らの主張を「限定」すればいいのだ。たとえば、「**世界についての**『確信』は、正当化されたものに『限り』、世界についての『知識』になる。だから人間は自らの『確信』を『正当化』できない『限り』、**世界を**『知る』ことはできない」と説明すればいいのだ。

読　者　でも、それがどうやって批判をかわすことにつながるのですか？

哲学者　懐疑主義者は「知る」と「正当化」という言葉の意味を明確にしようとしてい

るだけで、世界を本当に「知る」ことを問題にしているのではないと解釈すればわかりやすいだろう。

読　者　じゃあ、懐疑主義者は「人間は何も知らない！」というひとことで人間と世界を説明したつもりでいるというわけですか！

哲学者　それは違う。彼らは「人間は何も知ることが**できない**」と言っているのだ。人間は「知る」という言葉の意味しかわからないから、結局は何も「知る」ことができないというのだ。たとえば、我々は「円」という言葉の意味をわかっているから、「角のある円は存在しない」と信じる。だが、「角のある円は存在しない」と信じることは、世界そのものを「知る」ことではないのだ。ここでわかるのは、言葉の意味、つまり概念は世界そのものと一致しないということだ。懐疑主義者は「世界を知る」という言葉自体に矛盾があると考えたわけだ。

読　者　じゃあ、懐疑主義者は「人間は何も知ることができない」という自らの「確信」を「正当化」しようとはしないのですか？

哲学者　「正当化」しているではないか。懐疑主義者が「知る」という概念を理解していることが「正当化」の「正当な理由」になる。

読　者　それはおかしいですよ。たとえば、あなたは、目の前の現実が幻かどうかまったく知らない、知ることはできない、と本気で思っているのですか？

哲学者　いや。だから問題なのだ。我々人間は多くのことを「知っている」と信じている。その一方で、我々が「知っている」ことは、日常で使う言葉の意味、つまり、概念を「知っている」にすぎないともわかっている。だから、人間は世界について何も「知る」ことができない、という考えを否定できないわけだ。ここにも「そうではないが（人間は何も知ることができないというわけではないが）、そうに違いない」というヴィトゲンシュタインの言葉が当てはまるだろう。

メモ（三）

懐疑主義の考えに従うなら、人間は自分の「確信」を「根拠づけ」られない、つまり、「正当化」できないので「知る」ことができない、ということになります。懐疑主義者は、このことを「悪霊にだまされている」というつくり話にしたり、「確信」を「正当化」しようとすれば、「無限後退」、「独断（ドグマ）」、「循環論法」に陥ると指摘したりすることで証明しようとします。つまり、どんな場合でも「正当化」しようとすれば失敗するしかない、というのです。懐疑主義者の考えを懐疑主義的視点から評価すると、懐疑主義者といえども「人間は何も『知る』ことができないこと」を知っているわけではない、という矛盾が見えてきます。懐疑主義者は、何も考えないようにするか（確実なものなど何もないと、ものごとを判断することをやめ、心穏やかな人生を送ることで満足するか）、自分たちの考えを限定すること（自分たちは「知る」と「正当化」という言葉の意味を明確にしようとしているだけで、世界を本当に「知る」ことを問題にしているわけではないと考えること）でこの矛盾からひとまず目をそらすことができます。ですが、結局は「そうではないが（人間は何も知ることができないというわけではないが）、そうに違いない」という状況に変わりはありません。

正当化は循環しつづけるのか、それとも、独断（ドグマ）で終わるのか？

読　者　ああ、なんだかイライラしてきますね。懐疑主義の考えはどこか行き詰まっているような気がします。それにしても「正当化」は本当に「知る」の必要条件でなければならないのでしょうか？

哲学者　では、そもそも「正当化」とは何なのかをもう少し詳しく見てみようではないか。人間は何かを「正当化」しようとすれば、本当に、「無限後退」や「独断（ドグマ）」や「循環論法」に陥るしかないのかどうか確かめてみよう。ところで、君はこの週末にバイエルン・ミュンヘンが勝ったことを知ってるかい？

読　者　知ってますよ。でも、なぜあなたは、僕がサッカーファンだということを知っているのですか？

哲学者　ただの勘だ。だが、君はどうやってこの週末にバイエルン・ミュンヘンが勝ったと知ったのかな？

読　者　新聞に週末の試合結果が出ていたからです。

哲学者　だが、君はどうやって新聞に出ている試合結果が正しいと知ったのかな？

読　者　インターネットにもそう書かれていましたから。

哲学者　じゃあ、君はどうやってそのインターネットの情報が正しいと知ったのかな？

読　者　嘘の情報を流す人なんていませんよ。それに、嘘の情報を流したところですぐにばれます。四万人のサッカーファンが実際に試合を見たんですから、当然です。新聞とインターネットにも試合結果が発表されました。そんな状況で嘘の試合結果を発表するなんて、誰にもできません。

哲学者　君はまた、新聞の情報が正しいことを理由に挙げたな。「正当化」しようとして「循環論法」に陥っていないか?

読　者　違いますよ。僕は新聞の情報が正しいと言い張っているわけではありません。そうじゃなくて、公に発表された試合結果が正しいことは誰の目にも明らかだと言っているだけです。

哲学者　だから、多くの哲学者は「循環論法」はそんなに大きな問題ではないと考えたのだ。

読　者　でも、僕の「確信」は循環しているというよりは、むしろ……。

哲学者　複数の「確信」がうまく適合している。つまり、「確信」同士がうまくかみ合って「確信の網」のようなものをつくりだしていると表現したほうがいいかな?

読　者　そうです。複数の「確信」がうまくかみ合っているんです。だから、疑う余地なんてありません。

哲学者　つまりこういうことだろう?　「確信の網」は個々の「確信」を「正当化」し、個々の「確信」は「確信の網」をより「正当化」する。だから、個々の「確信」は「確信の網」に適合すれば適合するほど、正当化されやすくなるということだ。昨日、道徳と自然科学について話をしたときも、現実の出来事の中で人間が下す判断と理論はどちらかに偏らないよう、調整を繰り返しながら均衡を保っていると言ったはずだ。「正当化」もこれと似ているかもしれない！

読　者　つまり、「正当化」は循環しても「正当化」であることに変わりはないということですか？

哲学者　そういう考え方もできる。だが、ここにも落とし穴がある。「確信の網」がまるごと間違っているとは考えられないだろうか？

読　者　つまり、あなたは「確信の網」自体が「嘘」である可能性があると言いたいのですか？　何もかもがかみ合っているのに、本当は全部「嘘」からできている「ほら話」のような「確信の網」も存在する、と。

哲学者　そうだ。だから、「確信の網」全体を受け入れるにも正当な理由が必要なのだ。そうなると、理由を見つけられないか、理由を見つけたとしても、今度はなぜそれを理由だと信じるのかを説明しなくてはならなくなる。

読　者　そうすると結局、「無限後退」か「独断（ドグマ）」か「循環論法」のいずれかに陥るしかないですね。

哲学者　だが、世界についての「確信」を「正当化」しようとするのではなく、純粋に「確信」という概念だけを「正当化」しようとすれば、そういった袋小路に入りこむことはない。先ほど懐疑主義について話したときも、人間は結局、概念を知っているにすぎないと話しただろう?

読　者　でも、概念だけを「正当化」するなんてできるんですか?

哲学者　概念としての「真実」、概念としての「確信」のみを「正当化」すれば、「確信の網」がまるごと間違っていないと証明できると信じる哲学者たちもいる。だが、まあ、この話は今の君には難しすぎるから、とりあえずここでは「正当化」という概念についてだけ考えよう。

読　者　そうしてください。

哲学者　では、「正当化」を中断すると、「正当化」できずに最後に残った理由は必ず「独断(ドグマ)」になるかどうかを確認してみよう。まず、君に質問する。君は、私が君の前に座っていることをなぜ知っているのかな?

読　者　なぜって、目の前で見ているからです。

哲学者　君は、君が私を見ていることをなぜ知っているのかな?

読　者　おかしな質問ですね。

哲学者　それだ!

読　者　えっ、どれです?

哲学者　君は今「正当化」を中断したのだ。だが、君が言ったことは「独断(ドグマ）」でもなんでもない。君は、私の質問をおかしいと思っただけだ。

読　者　だって、見えるものは見えるんですから。

哲学者　君の言うように、多くの哲学者は「確信」は知覚で「正当化」できると考えた。つまり、ある「確信」を、「知覚したから」という理由で「正当化」すると、「正当化」はそこで終わる。だが、その理由は「独断（ドグマ）」にはならないということだ。「知覚」は疑いようがないからだ。

読　者　簡単な話だなあ。

哲学者　だが、実際には、それほど簡単ではない。知覚が人間をだます場合もあるからだ。人間の知覚を事細かに観察すると、場合によっては人間の知覚は当てにならないという懐疑主義者の仮説が間違っていないとわかるだろう。悪霊にだまされていないという「確信」、自分の目で見ているという「確信」は、確実に「正当化」できなければ、やはり「独断（ドグマ）」とみなされても仕方ないものなのだ。

読　者　じゃあ、僕たちは「悪霊にだまされている」という可能性をなんとかして排除しなければならないわけですね。でも、難しそうだなあ。

哲学者　デカルトは排除できると考えた。

読　者　そういえば、デカルトは「我思う、故に我あり」と言ってますよね。

哲学者　つまり、君が存在するという事実は、どんな悪霊も歪められないということだ。

読　者　話がようやく一歩前進した気がします。だけど、さっきあなたが僕にした質問は、僕がなぜ僕が存在することを知っているかではなくて、僕がなぜ、あなたが存在し、僕の前に座っていることを知っているか、でした。デカルトだったら、この質問に答えられるんでしょうか？

哲学者　もちろんだ。だが、デカルトの考えについては賛否両論ある。彼は「人間は神を見たり聞いたりしなくても、神について考えられる。考えられるということが、神が存在する証《あかし》である。このようにして善なる神が存在するなら、悪霊が人間をだますことはない」と考えた。だから、私が存在し、君の前に座っていることも間違いないというのだ。

読　者　でも、それは出発点を間違えている気がしますね。だって、僕にとって、あなたが僕の前に座っていることは、神の存在よりも明らかな事実だからです。

哲学者　だから、悪霊にだまされているかいないかを証明するのは難しいのだ。まあ、デカルトのように、「実際に体験しなくても、頭の中で考えるだけで悪霊にだまされていないことを証明できる」と主張する哲学者は今もいるが、そういった証明が「悪霊にだまされていない」正当な理由になるかどうかは疑問が残るな。

メモ（四）

人間はよく、一つの「確信」を「確信の網」（他の多くの「確信」）に適合させて「正当化」しようとします。するとその「確信」は「確信の網」をより「正当化」することになります。ですが、そんな「確信の網」がまるごと間違っている可能性はないでしょうか？　私たち人間は、「知覚できた」ことを「確信」の理由にし、理由を探すのをやめます。つまり、「正当化」できたと判断するのです。でも、だからといって「人間は悪霊にだまされていない」と断言できるでしょうか？　こう自問し、正当な理由を探しつづけるのが懐疑主義者です。懐疑主義者は知覚や体験を当てにしません。自分の思考の中に正当な理由を探そうとします。一七世紀に生きたデカルトも同じ方法で理由を探しつづけました。デカルトの方法を用いる哲学者は今もいます。ですが、こういった方法で本当に人間の「確信」を「正当化」することなどできるのでしょうか？

状況に左右される正当化

読　者　懐疑主義者の考えは正しいと言えるのでしょうか？

哲学者　まったく正しい、とまでは言えないな。まだ話していなかったが、懐疑主義の考え以外にも大事な考えはある。それは、「『正当化』は状況に左右される」という考えだ。

読　者　どういうことですか？

哲学者　たとえば、私が君に、「○○銀行は土曜日の午前中に営業しているか？」ときいたとする。君が「営業している」と答えるので、「どうして君はそれを知っているのか？」とさらにきく。君が「土曜日に一度銀行に行ったことがあるからだ」と答えると、私は満足するだろうか、それとも満足しないだろうか？

読　者　それは、答えが正しいということが、あなたにとってどれだけ重要かによるでしょうね。だって、銀行の営業時間というものは変わりますから。

哲学者　そうだ。たとえば、私がもっている小切手の現金化の期日が土曜日までで、土曜日の午前中にしか銀行に行けないとすれば、君が挙げた理由は不十分だろう。だが、私がそういう切羽詰まった状態になければ、君が挙げた理由は私を納得させるには十分なのだ。

読　者　でも、それが懐疑主義にどう関わってくるのですか？

哲学者　これは、『確信』を『正当化』するために満たさなければならない規準は状況によって変わる」という文脈主義と呼ばれる考え方だ。これに従えば、懐疑主義者の「人間は結局何も知らない」という主張に反論することができる。人間が日常生活で用いる「知識」は、**懐疑主義の規準**は満たしてはいなくても、**日常の規準**は満たしているから、人間は「何も知らない」わけではないと言えるようになるからだ。

読　者　じゃあ、懐疑主義者にこう言ってやりましょうよ！「懐疑主義は大げさすぎるんだ！　君たちみたいに、何かを知ろうと思えば超がつくほど確実な『確信』がないといけないなんて言ってたら、人間は何も知ることなんかできないじゃないか。僕たちは日常の規準を満たす『知識』ならいくらでももっているんだ」ってね。だって、懐疑主義者の考えは一方的すぎませんか？

哲学者　そうだな。懐疑主義者は「人間は結局、自らの『確信』の理由を一**つも説明できない**」と言う。だが、我々は自分の「確信」を「正当化」するために理由を挙げる必要などあるのだろうか？　懐疑主義者は我々に「確信」の理由をひたすら求めてくる。もちろん、自分の「確信」を「正当化」するために理由を述べなければならない状況はある。だが、同じように、理由を求める側も、理由を求める理由を説明しなければならない状況もあるのではないだろうか？

読　者　どうして誰かに理由をきくのに理由が必要なんです？　理由は、理由がなくてもきけるのでは？

哲学者　いや、いつもではない。私は先ほど君に、「君は、私が君の前に座っていることをなぜ知っているのかな？」ときいただろう？

読　者　ええ。僕は「目の前で見ているから」と答えました。

哲学者　それで、私が君に「君は、君が私を見ていることをなぜ知っているのかな？」と尋ねたら、君は私の質問を「おかしい」と言った。哲学では「おかしい」ことは「理性的でない」とみなされる。

読　者　つまりこの場合、あなたは質問する前に質問する理由を述べておくべきだった、と言いたいのですか？

哲学者　理性的な人間は、理性的でない質問をされたら理由を求める。「確信」（知覚を含む）を「正当化」するために満たさなければならない規準は状況によって変わってくるからだ。たとえば、誰かが君に「あなたはなぜ自分の名前を知っているのか？」ときいたとする。君は、すぐに「何でそんなことをきくのか？」と尋ねて、まずはそういう質問をされている状況を把握しようとするだろう。

読　者　そうですね。

哲学者　それで、質問した側が何も答えられなければ「自分はそんな質問には答えなくていい。質問がおかしいのだ」ということになるだろう。

読　者　でも、理由が必要な質問と、理由が必要でない質問をどうやって区別するのですか？

哲学者　昨日、私が「理性的な人間は特定の出来事に対しては特定の反応をする」と言ったのを覚えているかい？　「理性的な人間」が、ときに理由もないのに何かを「確信」して知識を吸収するのは、そういった反応の一つなのだ。だから、人間は、理由がなくても、ある「確信」は「正しい」とみなすのに、別の「確信」は「正しい」とみなさない。「疑い」、つまり疑問や質問についても同じことが言える。我々はある質問には理由がなくても答えられるのに、別の質問には理由がないと答えられない。これは「理性的な人間」の反応だ。昨日も言ったが、ヴィトゲンシュタインの言葉を借りるなら、ここで「鋤《すき》が曲がる」のだ。

読　者　じゃあ、懐疑主義者は僕たちに「確信」の理由をひたすら求めてくるけれど、それはおかしいということになりますよね。だって、僕たちは懐疑主義者が理由を求める理由を挙げてくれない限り、理由を述べる必要はないからです。まるで「四目並べ」[訳注10]

みたいですね。

哲学者　どういうことかな？

読　者　先にはじめたほうが勝つということです。つまり、僕が何かを「確信」していて、懐疑主義者が僕にその理由をききはじめると、僕はやがて答えられなくなって降参するでしょう。でも、反対に僕たちが懐疑主義者が抱く疑問について「なぜそんな疑問をもつのか？」とききはじめたら、懐疑主義者といえども、いつかは答えられなくなって降参しますよ。

哲学者　そうだ。だが、「確信」の理由と疑いの理由を、両者が交互にきけば、ききはじめたほうが勝つのではなく、単にどちらかが勝つことになるだろう。いずれにせよ、懐疑主義者が言うような「無限後退」か「独断（ドグマ）」か「循環論法」のいずれかに陥る**必要はない**ということだ。

読　者　でも、懐疑主義者は「なぜそんな疑問をもつのか」ときかれたら、いつだって同じ返事ができます。「人間は悪霊にだまされているかもしれないから」と答えればいいんですから。

哲学者　そうだな。だが、「人間は悪霊にだまされているかもしれない」というのが懐疑主義者が疑う唯一の理由だろうか？　そんなふうに見えるだけということはないだろうか？「悪霊」とはそもそも何なのだろう？「悪霊」は人間をどうやってだますのだろうか？

読　者　そんなこと、わかりませんよ。「悪霊」自体については、とりあえず考えなくてもいいんじゃないでしょうか。

哲学者　「人間は悪霊にだまされているかもしれない」という考えが、「人間は世界についての『確信』のすべてを『正当化』することはできない」ということだけを意味しているなら、「悪霊」については考えなくていい、と言えるかもしれない。だが反対に、「人間は悪霊にだまされているかもしれない」という考えが、「人間は世界についての『疑い』のすべてを『正当化』できる」ということを意味しているのだとしたら、「悪霊」については考えなくていいなどとは言っていられないはずだ！　懐疑主義者が自分たちの疑いを「正当化」したいなら、もっと具体的な理由を挙げてくれない限り、我々だって納得がいかないだろう。

読　者　でも、具体的な理由ならいくらでも見つけられますよ。『マトリックス』のよ

訳注10：垂直にコマを下から積み重ねて、先に縦・横・斜めいずれかに直線状に四つ並べたほうが勝ちになるゲーム。

うな物語をつくればいいんです。

哲学者　『マトリックス』という映画ができるずいぶん前に、そういう物語をつくったアメリカの哲学者がいた。ヒラリー・パトナム[訳注11]だ。パトナムが考えだした仮説はこうだ。極悪非道の科学者が我々が寝ている間に脳を取りだし、培養液を入れた水槽に移しかえた。そして、スーパーコンピュータで脳の神経細胞を刺激し、我々の意識を制御する。だが、我々自身はそのことにまったく気づいていない。

読　者　ほら、こういう話は「人間は悪霊にだまされているかもしれない」と考える具体的な理由になるでしょ！

哲学者　そうかな？「すべては夢かもしれない」という懐疑主義者の仮説と同じで、こういう話は、我々が真剣に受け止めてはじめて具体的な理由になる。考えてもごらん。脳だけを取りだし、それを生かしつづけることなど、はたして可能なのだろうか？　脳の神経細胞を正確に刺激する、そんな高性能なコンピュータを人間はつくりだせるだろうか？　答えは「ノー」だろう。こういう疑問はいくらでもある。

読　者　でも、科学は進歩しています。

哲学者　そうかもしれない。でも、そうではないかもしれない。懐疑主義者なら「人間は自分がもつすべての『知識』を活用して考えれば、人間の脳が水槽につかっている可能性を否定できない」と言うだろう。だが、懐疑主義者のこの意見は「人間は自分がもつすべての『知識』を活用して考えれば、人間の脳が水槽につかっていない可能性を否定できない」ということにもならないだろうか？　パトナムの「水槽の脳」の仮説も結局は、「悪魔にだまされているかもしれない」という仮説と同じ程度の具体性しかないということだ。要するに、具体性がないものは、想像もできない形で人間をだます可能があるのだ。だから、「水槽の脳」の話は「人間は悪霊にだまされているかもしれない」という考えの正当な理由にはならない。人間が世界についてもつ「確信」は間違っている可能性がある、という浅はかな意見にすぎないのだ。

読　者　なぜ「浅はか」と言えるんですか？

哲学者　これまでに、人間が世界についてもつ意見が**絶対に**正しい、と言えた人間は一人もいない。人間の意見が間違っている可能性があるということは、言い換えると、人間の意見は絶対に正しいわけではない、ということだ。だから、懐疑主義者がどんな意見を主張しようが、人間が世界についてもつ「確信」が間違っていると信じるに足る理

訳注11：一九二六～二〇一六年。心の哲学、言語哲学、数学の哲学、認識論の哲学者。認識論の分野では「水槽の脳」と呼ばれる思考実験で知られている。

由を挙げていることにはならない。懐疑主義者は、人間の「確信」には根拠がないと指摘しておきながら、自分たちもまた、ただ何の根拠もなく「疑っている」だけなのだ。

読　者　つまり、懐疑主義者は、自分たちの「疑い」を「正当化」するためには、まず世界についての「確信」をもたなければならない、ということですか？

哲学者　そうだ。ただ疑っているだけでは、疑う理由を見つけることはできない。

読　者　やっぱり「四目並べ」みたいですね。結局は、先にはじめたほうが勝つんですね。人間が世界についてもつ「確信」の全体を見ると、その「確信」に理由などないとわかります。だからといって、それらの「確信」のすべてを疑う理由もありません。つまり、先に「確信」の理由を見つけようとすれば、「疑い」が勝ちます。先に「疑い」の理由を見つけようとすれば、「確信」が勝つのです。あなたなら、どちらからはじめますか？

哲学者　先に「確信」の理由を見つけるしかないだろう。数えきれないほどの人間の「確信」を一つ一つ検証していけば、いくつかの「確信」を修正することもできるだろうし、それに、理性的に考えて、すべての「確信」が間違っているという結果が出るとは思えないからな。

読　者　でも、最終的にはミュンヒハウゼンのように、沼地にはまった自分を自分の髪の毛で持ち上げて脱出するなんてことはできないですよね！　「確信」の中に「確信」の理由を探しつづけても無駄なんです。

哲学者　自分で、自分の足を引っ張ることもできないしな！

読　者　結局はそういうことですね。

メモ（五）

ある「確信」を「正当化」できるかどうかは、状況に左右されます。たとえば、私たちは、ある「確信」が正しいことがとても重要であるという状況では慎重になるので、普段なら受け入れられる「確信」の根拠を十分なものであるとはみなせなくなります。つまり、受け入れられる「確信」の根拠は状況によって変わるのです。懐疑主義者が示す「確信」を「正当化」するための規準は厳しすぎるのではないでしょうか？　誰もそんな厳しい規準には従っていないようです。人間はほとんどの場合、正当な**理由なく**「確信」しているように見えます。だとしたら、「確信」するために、正当な理由を挙げる必要などあるのでしょうか？　理性的な人間は、理由なく特定の「確信」を正しいとみなし、特定の「疑い」をおかしいとみなします。また、どんな場合も「疑い」を「正当化」できる理由などないようです。懐疑主義者が立てる「人間は悪霊にだまされているかもしれない」という仮説ですら、具体性がなさすぎて「疑い」の正当な理由にはなりません。

金曜日　世界には何が存在するのか？

事物と性質

読　者　月曜日の段階では、僕は、哲学の中心テーマは人生の意味を追究することだと思っていました。でも、哲学にはほかの課題もありますよね。実はまだ話していませんでしたが、僕には興味のあるテーマがもう一つあります。ゲーテ[訳注1]の『ファウスト』の中

訳注1：一七四九～一八三二年、ドイツの詩人、劇作家、小説家、自然科学者、政治家、法律家。ドイツを代表する文豪であり、小説『若きウェルテルの悩み』『ヴィルヘルム・マイスターの修業時代』、叙事詩『ヘルマンとドロテーア』、詩劇『ファウスト』など重要な作品を残した。

で、主人公のファウストは「世界を最も奥深いところでまとめているもの」を認識したいという願望を抱きました。実は僕はずっと、これも哲学の課題だと信じてきました。

哲学者　もちろんだ。物理学者をはじめとする科学者も「世界を最も奥深いところでまとめているもの」を解明しようと試みている。

読　者　だとしたら、哲学と物理学は深いところでつながっているとは言えませんか？

哲学者　そうかもしれない。哲学と物理学の結びつきを強調すると混乱を招くおそれがある。「世界を最も奥深いところでまとめているものは何か？」という問いは、哲学と物理学では意味が違ってくるからだ。ところで君は、この問いをどう解釈しているのかな？

読　者　世界は何から成り立っているのか？　世界の根源とは何か？　そう解釈しています。

哲学者　確かにこの問いは、哲学的にも物理学的にも解釈できる。古代の哲学者は物理学と哲学の問題の両方を扱ったことを知っているだろうか。自然哲学者と呼ばれる古代の哲学者は、世界の根源と根本原理を追究した。たとえば、タレス[訳注2]は万物の根源は「水」だと考え、エンペドクレス[訳注3]は「火」、「水」、「空気」、「土」の四元素だと考えた。

読　者　確かにそれは、物理学や化学のようにも聞こえますね。

哲学者　だが現代では、万物の根源や自然法則を研究するのは自然科学の仕事とされている。宇宙の起源や膨張といった宇宙論的問題を扱うのは物理学だ。

読　者　じゃあ、「世界を最も奥深いところでまとめているものは何か？」という問いに哲学は答えられないのですか？

哲学者　答えられるとも！　物理学やほかの自然科学は、「物体」、「自然法則」、「因果関係」、「空間」、「時間」といった特定の基礎概念を扱う学問だ。だが、これらの基礎概念はどれも謎めいている。物理学者は我々に「物質」を成り立たせているものは素粒子[訳注4]だと説明してくれるが、素粒子とはいったい何だい？「物質」とはそもそも何だろう？

読　者　「物質とは何か？」なんて僕は考えませんよ。「物質」は「もの」以外の何も

訳注2：紀元前六二四～前五四六年頃、古代ギリシャの記録に残る最古の自然哲学者。ギリシャ七賢人の一人。
訳注3：紀元前四九〇年頃～前四三〇年頃、古代ギリシャの自然哲学者、医者、詩人、政治家。弁論術の祖とされる。
訳注4：物質を構成する最小の単位。

のでもありませんから。

哲学者　では、「素粒子」とは何だ？　我々はいったい何を「素粒子」と呼んでいるのかな？　素粒子は、個体と波動という二つの相反する性質をもつと言われている。量子力学の理論を解明しようとすれば、必ずこの矛盾に突き当たる。だが、我々がよく知っている机、卵、植木といった「もの」についても、我々はそれらをよく知っていると言えるのだろうか？　毎日接しているこういった「もの」とその性質の関係について君は考えたことがあるのか？

読　者　「もの」は性質をもつ、としか言いようがないですね。

哲学者　だが、「もの」とはいったい何だ？　「複数の性質から成り立つもの」**とも**言えるし、「『もの』の性質をもつが、それ自体は性質をもたない『もの』の『基』になるものから成り立つもの」**とも**言うことができる。だが、どちらの答えも我々を納得させるには十分でない。

読　者　でも、性質をもたないものは存在もしないと思います。

哲学者　それが問題なのだ。だから単に「もの」は「複数の性質から成り立つもの」と言っていいかもしれない。だがそうなると、では「いったい**何**がそれらの性質をもつのか？　それ自体は性質をもたない『もの』の『基』になるものは存在しないのか？」という疑問が出てくる。たとえば、我々は「この椅子は黄色い」、「この椅子には脚が四本ついている」、「この椅子は木からできている」と言うが、いったい**何**が「黄色い」、「四本の脚がついている」、「木からできている」という性質をもっているのだろうか？

読　者　椅子です。

哲学者　だが、我々が今話をしているのは「椅子とは何か？」ということだ。

読　者　椅子のいろいろな性質を挙げて、「それが椅子なんだ」と言ってどこが悪いんでしょうか？

哲学者　君は天気のようなもののことを言っているのかな？　我々は「雨が降っている」、「寒い」、「風が吹いている」と言うが、だからといって「雨を降らせたり」、「寒くしたり」、「風を吹かせたり」する特定の「もの」について話をしているわけではない。そういった性質の集まりを天気と呼んでいるだけだ。

読　者　僕が言っているのはそういうことではありません。それに、天気は「もの」ではありませんよ。

哲学者　「もの」が「もの」の「基」になるものからではなく、性質だけで成り立つと言うなら、性質だけで、どうやって「もの」が成り立つのか説明してもらいたい。言い換えると、椅子は天気とどう違うのか、説明してみたまえ。

読　者　変な質問ですね。

哲学者　そうかもしれない。だが、いずれにせよ『「もの」は複数の性質から成り立つもの』という考えは矛盾に陥るしかない。なぜなら、そう言ってしまうと、「もの」の本質的な性質（これがなければその「もの」は存在しない、という絶対的な性質）と偶然に与えられた性質（「もの」が変化したことで偶然与えられた性質）を区別することができなくなるからだ。言い換えると、黄色い椅子があれば、「黄色である」ことがその椅子の**絶対的**な性質になるので、黄色でなくなればその椅子はその椅子で**なくなって**しまう。

読　者　どういうことですか？

哲学者　たとえば、ある椅子が黄色で、脚が四本あり、木でできているという性質から成り立つなら、その性質のうちの一つでも欠ければ、その椅子はその椅子ではなくなるということだ。つまり、椅子の色を塗り変えてしまえば、その椅子は別の椅子とみなされる。それは、おかしいだろう？

読　者　確かにおかしいですね。

哲学者　それに、二つの「もの」の性質がまったく同じだからといって、その二つの

「もの」が同じ「もの」だとも言えないだろう。たとえば、ここに卵が二つあるとする。形も色も何もかも同じだからといって、二つの卵が急に一つになったりはしない。

読　者　でも、それは二つの卵が同じ場所にないからです。

哲学者　そうだ。だが、場所は「もの」の性質ではなく、二つの「もの」の位置関係を表すものだ。たとえば、「チャイナ・タワーから西方向へ一キロメートルのところにある」というのが、その「もの」の本質的な性質と言えるだろうか？　言えないだろう？なぜなら場所は、ほかの「もの」との関係を示すものであり、そのため、相対的なものでしかないからだ。では、場所が「もの」の本質的な性質と言えるのは、はたしてどんなときだろうか？　そのためには何もない、無の空間が存在しなければならない。何もなければ、他の「もの」との関係はないから、場所自体が相対的な性質をもつこともない。その空間に一つの「もの」を投げ入れる。するとその「もの」が置かれた場所がその「もの」の本質的な性質になる。この無の空間はどこか「それ自体は性質をもたない『もの』の『基』になるもの」に似ていないだろうか？

読　者　つまり、あなたは「それ自体は性質をもたない『もの』の『基』になるもの」が「もの」の本質であると言いたいのですか？

哲学者　そうかもしれない。だが、先ほども言ったように、「それ自体は性質をもたない『もの』の『基』になるもの」という考えもおかしなものなのだ。なぜなら『もの』の『基』になるもの」は認識できないからだ。知覚できるものでもない。さらに、「『もの』の『基』になるもの」はそれ自体性質をもっていないように見えるが、もっているようにも見える。それも、本質的な性質を、だ。「どんな」性質ももてるということも性質だし、「もの」と一体化できるというのも性質だろう？　だが、『もの』の『基』になるもの」が性質をもっているなら、『もの』の『基』になるもの」の性質をもつ「何か」、つまり、『もの』の「基」になるもの」の「基」になるものが存在しなくてはならないということになる。『もの』の『基』になるもの」の「基」になるものは、もちろん**「『もの』の『基』になるもの」の**性質をもつものでなくてはならない。

読　者　ああ、頭がくらくらしてきましたよ。

哲学者　これは簡単に解けるような問題ではない。「もの」のような基礎概念の追究に終わりはないのだ。

読　者　じゃあ、「もの」ではなく、性質という概念から考えてみてはどうでしょう？

哲学者　性質という概念も、残念ながら「もの」同様にやっかいなものだ。性質という概念が「もの」に属するものか、「もの」に関係なく単独で存在するものかを考えたところで、「もの」の本質は何かという問いは解けないからな。これについては、プラトンやアリストテレスも、かの有名な普遍論争訳注5で決着をつけることができなかった。その論争は今でも続いている。

読　者　でも、性質が「もの」に属さないなら、どうやって単独で存在できるというんですか？「黄色い椅子」や「黄色いバナナ」なら聞いたことはありますけど、「黄色自体」なんて聞いたことがないですよ。性質は常に、「もの」がもつものでなくてはならないと思います。

哲学者　そう考えるべきだという指摘もある。哲学で重要な方法論の一つに「存在、つまり、『もの』として存在するものを必要以上に追究してはならない」というのがある。つまり、「黄色い椅子」や「黄色いバナナ」と並んで「黄色自体」が存在すると思わないこと。これは、オッカムのカミソリ訳注6と呼ばれる考え方だ。この考え方に従えば、あまり重要でない存在、たとえば、「黄色自体」を無視することができるようになる。だが、

訳注5：中世に交わされた普遍概念についての哲学上、神学上の論争。普遍概念とは「人間」や「動物」といった複数の事物に共通に適用される概念のこと。普遍概念は「もの」に先立って実在するという実在論（実念論）と、普遍概念は「もの」の後に人間がつくった名前にすぎないとする唯名論とが対立した。

そうなると「知性は徳だ」といった言葉をどう解釈すればいいのだろうか？「知性は徳だ」と我々が言う場合、我々は知性を主語にしている。つまり、知性を「**知性自体**」とみなしているのだ。それなのに、性質を単独で存在できない概念とみなすとなると、知性を主語にして話をしている我々は、いったい何について話をしていることになるのだろうか？

読　者　難しいですね。

哲学者　「世界を最も奥深いところでまとめているものは何か？」と考えれば、哲学者はこういった問題と向き合わざるをえない。これが、いわゆる「形而上学」、世界の普遍的な原理を追究する哲学の一分野だ。

メモ（一）

「世界を最も奥深いところでまとめているものは何か？」という問いは、哲学的に解釈できます。するとこの問いは、現実の世界を物理的に成り立たせている元素や自然法則や宇宙の起源や膨張についての問いではなくなります。哲学者が取り組むのは、科学者ですら答えられない問いです。「もの」とはそもそも何なのか？「もの」と「もの」がもつ性質の関係は？　性質という概念は「もの」がなくても存在するのか？　これらはみんな「世界を最も奥深いところでまとめているものは何か？」という形而上学的な問いです。

精神と世界

読　者　物理学は現実の世界を成り立たせている「もの」とは何かを、形而上学は「もの」の本質とは何かを追究しているわけですね。

哲学者　簡単に言うとそうなるな。形而上学は「何が存在するのか？」、「存在するとはそもそもどういうことか？」を知ろうとする学問だ。この世に存在する「もの」はさまざまだ。素粒子のように生きていない「もの」もあれば、人間のように生きている「もの」もある。具体的な「もの」もあれば、抽象的な「もの」（たとえば、量や数）

訳注6：「あることがらを説明するためには、必要以上に多くを仮定すべきでない」とする指針。もともとスコラ哲学者がはじめた指摘であるが、一四世紀イギリスの哲学者、神学者であるオッカムのウィリアムが多用したことで有名になった。

もある。個々の「もの」があれば、普遍的な「もの」（たとえば、知性という性質）もある。物体だけでなく、事実や出来事（たとえば、冬のはじめ）、空間や時間や影や穴といったものもある。ここに挙げたほとんどの「もの」は芸術作品を「〜派」と言って区分するようには区別できないものばかりだ。だから哲学者はここに秩序をもたらそうとするわけだが、そうすると、先ほど話したような問題と向き合うはめになる。

読　者　「世界を最も奥深いところでまとめているものは何か？」という問いは、僕が考えているよりももっと奥が深いということですね。

哲学者　そうだ。哲学と自然科学と物理学は同じ問題に取り組んでいるように見えても深いところではつながっていないということに、ようやく君も気づいたかな。もちろん哲学と自然科学と物理学が共通に取り組む課題もある。「空間、時間、因果関係とは何なのか？」というのも共通の課題の一つだ。だが、形而上学は根本的に独自の課題に取り組んでいる。人間が世界を認識するために用いる基礎概念を解明しようと試みているのだ。

読　者　あなたの言うとおりなら、形而上学は「世界を最も奥深いところでまとめているものは何か？」ではなく、「人間はいかに世界を言い表すか？」を追究していることになりますよ。

哲学者　まさにそれが問題なのだ。形而上学者自身も、形而上学は人間が用いる概念とその概念で構成されている人間の考えを研究する学問なのか、または、言語「のみ」を研究する学問なのか、それとも、世界の構造そのものを研究する学問なのかがわからずに、議論しつづけている状態なのだ。

読　者　でも、そもそも世界の構造なんてあるんでしょうか？　人間のものの見方（人間がどう世界を観察するか）が世界の構造だとは言えませんか？

哲学者　そういう考え方は確かにある。人間の考え、つまり、概念の集まりが世界に形を与えているという考え方だな。言い換えると、一方にはカントが言う「物自体」[訳注7]があり、他方には人間が事物を認識する際に用いる概念の集まり、カント哲学でいう「カテゴリ」[訳注8]がある状態が世界だということだ。まあ、イデア論信奉者[訳注9]なら、「世界は人間の

訳注7：人間が認識しているのは本当の「もの」ではなく現象である。現象の背後にあり、人間が認識できない本当の「もの」のことをカントは「物自体」と呼んだ。

訳注8：カントは経験よりも前に知性に備わっている枠組みを純粋知性（悟性）概念と呼び、それをカテゴリとして表にした。カントによると、人間の知性は対象をその枠組みに当てはめることで、それを概念として認識するという。

訳注9：本当に実在するのはイデアであって、人間が知覚する対象や世界というのはあくまでイデアの「似像」にすぎないとするプラトンの学説。

心の中にしか存在しない」という過激な言い方をするかもしれないが……。

読　者　それは確かに言いすぎかもしれませんが、「人間の考え、つまり概念の集まりが世界に形を与えている」という考えは納得できる気がします。

哲学者　それは、「人間は世界の構造そのものを概念を通して認識する」と言い換えてもいいかもしれない。また、概念は人間が世界と関わることで発展したと言うこともできるだろう。

読　者　もしかしたら、概念とは人間が生まれもったものかもしれませんよ。

哲学者　そうかもしれないが、一方で人間は進化の過程で知識を増やし、概念を発展させ、それを世界そのものに近づけようと試みてきたとも言える。その試みのすべてがうまくいったと仮定すれば、人間の概念は世界そのものを表現していることになる。だから形而上学者は**概念を研究して**世界の構造を解明しようとしているのだ。こう考えると、人間は概念を通して「ものそのもの」を正しく認識することができる、と言えるだろう。

読　者　でも、本当に正しく認識しているかどうかを確認することはできませんよね。そのためには、僕たちの認識と「ものそのもの」を比較しなくてはなりません。でも、それは無理です。僕たちはこの身体から抜け出て、「ものそのもの」の中に入りこむなんてことはできないのですから。

哲学者　そう言われたら、もう一度、懐疑主義に戻って考えなおさなければならなくなるな。認識する主体（人間）と認識される「もの」が対立しているというのが、懐疑主義の基本的な考え方だ。だが、「主体」と「もの」が対立しているという考えを間違いだと指摘する哲学者もいる。たとえば、マルティン・ハイデッガー[訳注10]がそうだ。

読　者　「主体」と「もの」が対立しているという考えのいったいどこが間違いだというのですか？　人間は「もの」、つまり、「もの」から成る世界と向き合い、世界を観察し、認識しているわけですよね。

哲学者　だが、我々人間は世界を認識する「主体」であるだけでなく、そこに生きる肉体でもある。人間は「どうすれば世界そのものを認識することができるのか」なんて考えなくても、実際には世界にうまく順応し、生きているのだ。

読　者　そのように考えたとして、「主体」と「もの」の間の「隔たり」をなくすことができるのでしょうか？

哲学者　そもそも「主体」と「もの」の間に「隔たり」などあるのだろうか？　「主

訳注10：一八八九～一九七六年、ドイツの哲学者。現象学の手法を用い、存在論を展開した。伝統的形而上学を批判し、「存在の問い」を新しく打ち立てようとした。実存主義などにも多大な影響をおよぼした。

体」と「もの」の間に「隔たり」があると言えるのは、人間が世界に属さず、傍観者として世界を見つめている場合に限る。つまり、世界から印象を受けとるだけの純粋な意識として世界を観察している場合にのみ、「主体」と「もの」はつながっていないと言えるのだ。こう言うと、君は「じゃあ、純粋な意識として世界を観察すれば、『ものそのもの』を理解することができるのか？」と質問するかもしれないが、問題はそこではない。普通に考えて、我々人間は世界に属し、その中で生活し、行動している生きものだ。純粋な意識などではない。そう考えると、「主体」と「もの」が対立しているという考えはおかしいことがわかる。

読　者　じゃあ、ここで明確にしなければならないのは、そもそも「人間である」とはどういうことなのか、ではないでしょうか？

哲学者　そうだ。それも形而上学のテーマの一つだ。形而上学者は人間と世界との関係だけでなく、心と身体、精神と肉体の関係も解明しようとするのだ。

読　者　それは興味深いですね。

メモ（二）
形而上学は「何が存在するのか？」「存在するとはそもそもどういうことか？」

を知ろうとする学問です。形而上学者は、人間が用いる基礎概念を解明しようとしますが、それが世界そのものを知ることにつながるかどうかははっきりしません。なぜなら人間の精神と世界がどういう関係にあるかがわからないからです。人間は「ものそのもの」にただ概念を当てはめているだけなのでしょうか？　世界とは人間の心の中にしか存在しないものなのでしょうか？　それとも人間は概念を通して世界そのものを認識しているのでしょうか（人間が用いる概念は世界と関わりながら発展したかもしれないから）？　でも、どうしたら人間の認識が正しいかどうかを確認できるのでしょう？　認識する「主体」（人間）と認識される「もの」が対立しているという考え方が問題を難しくしているのでしょうか？　実は、人間とは、世界と向き合い世界を認識する主体なのではなく、世界の一部なのです。

心と身体

哲学者　精神と肉体、つまり、「心」と「身体」の関係を説明するのが難しいのは、「心」が、「身体」とは違い、自分にしか認識できないものだからだ。我々は他人の

「身体」を見ることはできても、他人の「心」の中を直接のぞくことはできない。「心」は本人にしか認識できないものなのだ。

読　者　「他人の『心』の中を直接のぞくことはできない」とはどういうことですか？　人間は他人が考えていることを知ることはできない、ということですか？

哲学者　懐疑主義者ならそんなふうに言うか、もっと過激な言い方をするだろうな。たとえば「人間は他人が『心』をもっている**かどうか**すら知ることができない」と言うかもしれない。つまり、自分以外の人間はターミネーターのような人造人間か、考えをもたないゾンビのような存在ということもありえるわけだ。

読　者　また、懐疑主義に逆戻りですか？

哲学者　まあ、聞いてほしい。「悪霊にだまされているかもしれない」という仮説を通して我々が疑うのは人間の「知識」であり、「他人は人造人間かゾンビかもしれない」という仮説を通して我々が疑うのは「人間は自分以外の他人が『心』をもっていることを知っている」という考えだ。だがこういった仮説は、所詮、不完全なものにすぎない。

読　者　その仮説に具体的な理由が欠けているからですか？　つまり、「疑い」を「正当化」できていない、ということでしょうか？

哲学者　そうだ。想像してごらん。ゾンビの仮説を真剣に受けとろうとしたら誰だって笑いだすしかないだろう。君の周りにいる人間がみんなゾンビだなんて**本当に**想像できるかね？　私が読んだゾンビの本には「ゾンビとは思考能力をもたない、人間の肉体を求めてひたすらさまよい歩く、死にきれない人間」と定義されていた。そんな人間が本当に我々の周りに暮らしていたら、誰だって気づくだろう。

読　者　じゃあ、僕たちは、**どうすれば**他人の「心」の内を知ることができるんですか？

哲学者　知ることができるじゃないか。他人が「心」の内を語ってくれたら、我々だってそれを疑ったりしない。また、他人の態度から「心」の内を知ることもできる。だが、自分の「心」は、他人の「心」とは違う形で認識することができる。つまり、直接認識することができるのだ。

読　者　確かに僕たちは何も考えていないときに、「自分は今、何を考えているか？」なんて自問したり、自分の態度を観察して自分の考えを知ろうとしたりはしませんよね。

哲学者　痛みや快楽といった感覚も同じことが言えるだろう。自分が感じる痛みや快楽は特別なものだ。はっきりと自覚することができる。一方、他人の痛みや快楽は理解できても、感じることはできない。

読　者　僕たちは他人の態度や言葉から他人が感じていることを把握することはあって

も、自分でそれを感じることはできませんよね。

哲学者 そういうことだ。それに、他人の「心」や感覚は他人の態度や言葉から認識できるとはいえ、限界がある。他人の「身体」は目で見ればすべて認識できるが、「心」や感覚はそうではないということだ。「心」と「身体」の認識の仕方がこんなにも違うのは、「心」と「身体」が根本的に別のものだからだろう。このように「心」と「身体」を別のものとしてとらえることを哲学では「二元論」と呼んでいる。

読 者 要するに人間は二つの要素からできているということですか？

哲学者 そうだ。だが、「心」はもしかしたら「身体」がなくても存在するかもしれない。月曜日に「はかない人生を生きる意味があるのか？」という問いについて話したのを覚えているかい？ そこで、「心」、つまり「魂」は不滅なのかという問いに少し触れたが、これも「心」と「身体」の二元論のテーマの一つだ。

読 者 でも、「心」が「身体」とまったく関係がないとは言えないと思います。自分の「身体」で起こっていることを見ればわかります。誰かが僕の「身体」に苦しみを与えれば、僕の「心」だって痛みますよ。

哲学者 確かに、「心」で起こることは「身体」で起こることと関係している。我々が考えると必ず、脳の中で何かが起こる。神経科学はこのことを実験を通して証明しているし、脳を損傷すると、思考や知覚に影響が出るのは誰もが知っている。

読　者　だから、「心」が「身体」とまったく関係がないなんて考えが僕には理解できないんです。

哲学者　「心」で起こることは物理的なものでしかないという哲学者は多くいる。こういう意見をもつ人のことを、哲学では「物質主義者」と呼んでいる。彼らは「心」を「物質」とみなしているからだ。

読　者　でも、「心」が物理的なものでしかないという考えは、少し行き過ぎているような気がします。人間は他人の「身体」だけでなく脳の中まで認識できるようになりました。でも、他人が感じていること、つまり、他人の感覚そのものを認識することはできません。感覚とはやはりどこか「身体」を離れているもののように僕には思えます。

哲学者　二元論と物質主義をつなぎ合わせるのは難しい。ここにも、「そうではないが、そうに違いない」というヴィトゲンシュタインの言葉が当てはまるだろう。つまり、「心」と「身体」を同じものとみなしても、別のものとみなしても、問題になるということだ。

読　者　この問題を科学的に解くことはできないのですか？　たとえば、実験によってとか？

哲学者　心で何かが起こると脳でも何かが起こるということは、物質主義者だけでなく二元論者も認めている。君は、いったいどんな実験をすれば「心」と「身体」の関係を解明できると思うのかな？

読　者　わかりません。でも、それは何もしないで解ける問題ではないと思います。

哲学者　もしかしたら問題は、「『心』と『身体』はどう関係しているのか？」という質問の仕方にあるのかもしれないし、「心」と「身体」という分け方にあるのかもしれない。だとしたら、「心」と「身体」を**同じもの**とみなしたり、**別のもの**とみなしたりするのではなく、人間とは、心的な性質と身体的な性質をあわせもつ存在だと考えてみてはどうだろうか。

読　者　言うのは簡単ですけど、理解するのは難しいと思います。特に、「心」と「身体」の相互作用については謎が多いですからね。

哲学者　そうだ。「身体」が「心」に影響をもたらすだけでなく、その反対もあるからだ。我々の「心」、つまり、「思考」「感覚」「願望」は「身体」に影響する。我々の行動を決定しているのだ。

読　者　それは、「身体」がすべてを決定しているわけではないということですね。

哲学者　そうだ。それこそが「自由意志」の問題なのだ。

メモ（三）

私たちは自分の「心」は認識できるのに、他人の「心」は認識できません。だから懐疑主義者は「人間は悪霊にだまされているかもしれない」と考えるのです。この考えは他人の「心」は他人の態度や言葉から認識できると考えることで否定できますが、その後に残るのは「『心』と『身体』は別のものか？」という問いです。私たちは「心」と「身体」は別のものだという二元論を受け入れるべきなのでしょうか（「魂」の不滅を信じるべきでしょうか）？　それとも「心」と「身体」は同じもの、つまり「物質」でしかないと考えるべきなのでしょうか？　それとも「『心』と『身体』はどう関係しているか？」という考え方自体が間違っているのでしょうか？　だとしたら、人間は心的性質と身体的な性質をあわせもつ存在だと考えるべきなのでしょうか？

自由意志とは何か

読　者　人間は自由意志をもっていると思いますか？

哲学者　君は人間が自由意志をもっていることを疑うのかい？

読　者　人間の行為や考えは前もって決定されている可能性があるからですよ。

哲学者　では、質問しよう。私は今夜、映画を観に行くか、あるいは家で本を読むか、どちらにするかを考えた。最終的に映画を観に行くことに決めた。この決定が、どんなふうに前もって決定されていたと言えるのかな？

読　者　たとえば、遺伝的なものや教育によって決定されていたと言えるかもしれないじゃないですか。頭がどれぐらい働いていたかにもよるでしょう。こういうことはすべて決定されていたと言えませんか？

哲学者　私はそうは思わない。たとえ、すべてが前もって決定されていたとしても、それが、人間が自由意志をもたない理由になるだろうか？　哲学者が取り組むのはまさにこの問いなのだ。

読　者　本当にそんな問いに取り組む必要なんてあるんでしょうか？　すべてが決定されているなら、当然、自由意志がないということになりますよ。

哲学者　なぜ、そう言えるのかな？

読　者　だって、あなたが映画を観に行くことは前もって決められていたんですよ。それなら、あなたが自分で決めたとは言えないのでは？

哲学者　それは、何を自由意志とみなすかによるな。

読　者　自由意志とは、自分がしたいことをすることです。

哲学者　それは行為の自由であって、意志の自由ではない。人間は何かを行なうときだけでなく、何かを決定するときも自由でないと、自由意志をもつとは言えないだろう。

読　者　じゃあ、自由意志とは自分がしたいことを自由に選ぶこと、と言ってはどうでしょうか？

哲学者　残念ながら、自由意志とは、そう簡単に説明できるものではないのだ。それに、自分がしたいことを自由に選べないからといって、それを自由意志がないと決めつけていいのだろうか？　そう決めつけるのなら、我々は自分がしたいことを自分で選ぶとき、いったいどういった基準で選べば自由に選んだことになるのかな？

読　者　一時的な欲求を満たすために何かを選ぶのではなく、自分が**本当にしたいと思うこと**を選んだ場合に限り、自由に選んだことになると思います。月曜日と火曜日にも似たような話をしましたよね。

哲学者　では、自分が「本当にしたいと思うこと」とは何だろう？　自分が正しいと思うこと、つまり、一番いいと思うことかな？

読　者　そうですね。

哲学者　だがそう言ってしまうと、意志の弱さから「自分が一番いいと思うこと」ではないことを選んだ場合は自由に決定したとは言えなくなる。だが、そういった決定のすべてを自由でないと言ってしまうのはおかしいだろう？　意志の弱さから決定したものは自ら決定したものでないと言うなら、それを決定した人は自分の決定に対して責任をとらなくていい、とならないかね？

読　者　確かにそれはおかしいですね。責任をとらなくていいのは、自ら決定する機会を完全に奪われた人だけだと思います。

哲学者　「『すべき』とは『できる』ということが前提にある」と、カントは言った。つまり、義務やそれに付随する責任は当事者が自由に決定「できる」場合に限り生じるということだ。だから、意志の弱さから何かを決定した人は、意志を強くもってさえいれば他の決定も「できた」のだから、自分の決定に対して責任をとらなければならないと言えるのではないだろうか？

読　者　それは自由意志をうまく言い表していると思います。ほかの決定ができる場合、つまり、ほかにも選択肢がある場合、その決定は自由で、ほかの決定がまったくできない場合のみ、その決定は自由ではないということですね。要するに自由な決定とは、少なくとも二つの選択肢があり、どちらを選ぶとしても、別のほうも選べたという可能性が残っている場合のことを言うんですね。

哲学者　だが、それに反する考え方もある。ハリー・フランクファート[訳注11]が考えだしたたとえ話をここで紹介しよう。一人の脳科学者がいる。その科学者は私が映画を観に行くことを決めている間、私の脳の働きを観察していた。彼は必要であれば私の脳の働きをコントロールすることもできたが、結局何もしないでただ私の脳を観察していただけだった。だが、私が家で本を読むことを決めようとしていたなら、彼はすぐに私の脳をコントロールして映画を観に行くことを決めさせただろう。

読　者　その場合も、あなたは映画を観に行くと自らの意思で決定した、と言えるわけですね。

哲学者　そうだ。実際には映画を観に行くという選択肢しかなかったとしてもだ！

読　者　うーん、確かにそうかもしれません。でも、それは誰かを椅子に縛りつけて「今、君はゆっくり椅子に座りたいと思っていたのだから、自らの意思で縛られたのと同じだ」と言っているようなものですね。

訳注11：一九二九年生まれ、アメリカの哲学者。プリンストン大学名誉教授。

哲学者　フランクファートのたとえ話については賛否両論ある。すべては何らかの原因によってあらかじめ決定されているとする決定論と自由意志の両方を受け入れる人のことを哲学では両立主義者と呼ぶが、両立主義者は、ほかに選択肢があることが自由な決定の前提条件だと考えるので、このたとえ話を否定する。一方で、決定論と自由意志のどちらかしか受け入れられないとする非両立主義者は、このたとえ話を受け入れ、さらに分析しようとするのだ。実は、哲学者の多くは決定論が成り立ってはじめて自由意志は存在すると考えた！

読　者　えっ、なぜです？

哲学者　なぜなら決定論と偶然は切っても切り離せないからだ。たとえば、基本的な自然法則にしても、それがこの世に起こるすべてのものごとを決定しているとは言えないだろう？

読　者　量子力学の不確定性原理[訳注12]のことを言っているのですか？

哲学者　それだけではない。バタフライ効果などを思い起こせば、すべての自然現象が自然法則に従っているわけではないのは、我々にも理解できるだろう。自然法則は存在するが、だからといってすべてが自然法則どおりではない。だが、自然法則がすべてを決定しないからといって決定論を否定してみても、残念ながら、それがすぐに自由意志を肯定することにはならない。

読　者　自然法則に当てはまらないものはすべて、自由意志といえども、ただの偶然と考えられるからですか？

哲学者　そうだ。そう考えると、我々が決定することはみんな、ただの偶然ということになるので、我々に自由意志はないということになるだろう。だから、人間の決定はあらかじめ決定されたものでなくてはならない。人間はそういった決定を自らコントロールできる場合に限り、自由意志をもっていると言えるのだ。つまり、決定論が成り立ってはじめて自由意志は存在する。

読　者　でも、僕たちの決定が偶然ではなく、あらかじめ決定されているとすれば、決定しているのは僕たちではなく、脳ということになりませんか？

哲学者　君の意見はまるで、「プールに行くのは我々ではなく、我々の身体である」と言っているようなものだな。だが、身体がプールに行けば、我々は家に居つづけることはできない。それなのに、**本当は**身体がプールに行っているんだ、と言い張ることはで

訳注12：古典物理学の概念が原子の現象に適用できる限界を数式に表したもの。単に予測不能というだけでなく、原理的に未来は非決定であり、量子力学で原子の運動量と位置は同時に測れないとしたもの。

きないだろう。我々が何かを決定するときには脳の中で何かが起こっている。我々の決定が脳の働きと関係していることは明らかだ。だが、だからといって、本当は脳がすべてを決定しているのだ、とは言えないだろう。

読　者　また、「『心』と『身体』はどう関係しているか」という質問に戻ったというわけですね。

哲学者　やはり問題は、どうしてもここに行き着いてしまうらしい。とにかく、我々が何かを決定するとき、自分（の意志）と脳がせめぎあっていると考えるのは無意味だということだ。

読　者　ああ、またわけがわからなくなってきました。

哲学者　大丈夫。このテーマは実際にやっかいなものだ。自由意志とはそもそも何なのか、「自分」とは何なのかをまず明らかにしないと、人間は自由か自由でないかについて議論することはできない。たとえ、人間が純粋に「精神的」な存在で、身体は「心」に従っているだけだと考えたとしても、自由意志が何なのかを知ることはできないのだ。

メモ（四）
まず自由意志という概念を定義しないと、人間が自由意志をもっているかどうかという問いには答えられません。ですが、この定義づけが難しいのです。また、自由意志と決定論のいずれかを受け入れるべきなのか、あるいは、両方を受け入れるべきなのか、という問いについても意見が分かれます。人間の意志が自由だと言えるのはどんな場合でしょうか？　自分が一番いいと思うことを選ぶ場合？　ほかに選択肢がありながら、その中の一つを選択する場合？　それとも、あらかじめ決定された決定を自らコントロールする場合？　つまり、決定論が成り立ってはじめて自由意志は存在するのでしょうか？　いずれにせよ、『心』と『身体』はどう関係しているか」、『心』と『身体』は別々のものなのか」という問いに突き当たってしまうようです。

神について

読　者　今日の最後の質問としてもう一度ききたいのですが、結局、世界の根源とはいったい何なんですか？　それは純粋な物理学の問題なのでしょうか？

哲学者　宇宙（世界）の起源と膨張については宇宙論で取り扱われる問題だが、哲学の問題の中にはここから派生したものもある。たとえば、「空間と時間とは何か?」という問いがそうだ。これは、基本的には物理学の問題でありながら、哲学の問題でもある。ライプニッツ[訳注13]は「なぜ、世界は存在するのか?」という問いに取り組んだが、これこそ「世界の根源とは何か?」という問いであると解釈することもできるだろう。

読　者　それは、哲学の問題ですか?

哲学者　とにかく、多くの哲学者がライプニッツのように、世界の「存在理由」を追究した。

読　者　世界の「存在理由」とは神のことですか?

哲学者　何か名前をつけたいのなら、そう言えるかもしれない。

読　者　名前をつけてはいけないものなんて、あるんですか?

哲学者　その名前が一つのものを指すのならいいが、多くのものを指す場合、名前で呼ぶとわけがわからなくなる。だが、世界の「存在理由」は、神と呼んでも問題ないだろう。なぜなら哲学において、神は、多神教などの宗教とは違って、抽象的な「唯一」の存在とみなされるからだ。ただし、哲学における神は、宗教における姿や形をもつ神とは別のものであると考えてほしい。哲学者がなぜ神について考えるようになったかを知れば、両者の違いは容易に理解できるだろう。

読　者　なぜ、哲学者は神について考えるようになったのですか？

哲学者　それは、「世界が存在する唯一の原因がある」と信じたからだ。これは言い換えると、根本的な理由なくして世界は存在しない、ということだ。哲学者はこの根本的な理由を世界が存在する唯一の原因とみなし、一つしかない理由なら追究しても無限後退に陥るようなことはない、と考えた。アリストテレスはこの世界の根本原因を「不動の動者」[訳注14]と名づけた。哲学者はこれを神と呼んでいるのだ。

読　者　確かに、その神は抽象的ですね。宗教を信じる人は「不動の動者」に祈りを捧げようとは思わないでしょうね。

哲学者　そうだな。神を「不動の動者」と呼んでしまえば、宗教的な解釈は必要なくなるかもしれない。たとえば、カンタベリーのアンセルムス[訳注15]の「神の存在論的存在証明」

訳注13：一六四六〜一七一六年、ドイツの哲学者、数学者。一七世紀のさまざまな学問（法学、政治学、歴史学、神学、哲学、数学、経済学、自然哲学、物理学、論理学等）を統一し、体系化しようとした。

訳注14：アリストテレスは、世界にはすべての運動の究極の原因である「第一動者」が存在するとした。

訳注15：一〇三三〜一一〇九年、中世ヨーロッパの神学者、哲学者。亡くなるまでカンタベリー大司教の座にあった、カトリック教会の主要な聖人の一人。はじめて神を学術的に把握しようとした学者でもある。

というものがある。アンセルムスは神学者でありながら、神の概念を「最大のものと考えうるもの」と定義し、神の存在を証明しようと試みた。

読　者　その定義は抽象的ですけど、どこか納得もできますね。それで、彼は神の存在をどう証明したのですか？

哲学者　まず、存在するものは存在しないものより「大きい」、つまり、「よいもの」と考えてほしい。たとえば、本当に「存在する」金の山は「想像でしかない」金の山より「よいもの」といえばわかりやすいだろう。アンセルムスによると、神は「最大のものと考えうるもの」だから、もし神が存在しないなら、人間は、神（存在する神）より「大きなもの」を考えだすことができなければならない。だが人間にはそれができない。だから、神はやはり「最大のもの」なのだ。存在するものは存在しないものより「大きい」ということは、「最大のもの」である神は絶対に存在しなくてはならないということになる。だから、神は単なる可能性ではなく、本当に存在するのだ。

読　者　でも、それは、正当な証明の仕方と言えるでしょうか？

哲学者　正当だとも言えるし、正当でないとも言える。アンセルムスはそもそも「存在する」ということを「大きい」や「よい」といったポジティブな性質とみなした。これには賛否両論ある。

読　者　「存在する」ことは「もの」の性質とみなされないのですか？

哲学者　「存在する」ことが「もの」の性質のように思えるのは我々が使っている言語のせいだ。たとえば、「ソクラテスは存在する」という文と「ソクラテスは笑う」という文の構造は同じだ。だが、「ソクラテスは笑う」という文は、ソクラテスという人間について「笑っている」と説明しているわけだが、「ソクラテスは存在する」という文は、ソクラテスという人間について「存在している」と説明しているわけではない。

読　者　なぜです？

哲学者　じゃあ、君は「ソクラテスは存在しない」という文が、ソクラテスという人間について「存在していない」と説明していると思うのかい？　この文は文法的には正しいかもしれないが、この文がソクラテスという人間を説明していることにはならないだろう？　なぜなら、ソクラテスは存在しないのだから。

読　者　結論を言ってください。

哲学者　要するに、「ソクラテスは存在する」という文と「ソクラテスは笑う」という文は「論理の形式」が違うということだ。だから、「神は存在する」という文と「神は善だ」という文も「論理の形式」が違う。アンセルムスの「神の存在論的存在証明」はこの違いを無視しているのだ。

読　者　なんだか複雑ですね。とにかく、神という概念はとても抽象的なものだということですね。でも、なぜ、哲学者は神の存在を証明したがるのですか？

哲学者　ほとんどの哲学者にとって神の存在証明は純粋に哲学的な問題なのだ。たとえばアリストテレスにとっては形而上学的な問題であり、デカルトにとっては認識論的な問題だった。

読　者　つまり、哲学者が神の存在を証明しようとするのは、信仰のためではないということですね。

哲学者　そうだな。だが、トマス・アクィナス[訳注16]をはじめとするキリスト教信者の哲学者たちは違う。彼らが神の存在を証明しようとしたのは、自らの信仰心が理性と矛盾しないことを明らかにするためだった。

読　者　それは納得がいく考えですね。人間は信仰心をもったとしても、理性的に考えるのをやめることはできませんからね。

哲学者　そのとおりだ。だから、多くの哲学者は、理性を人間の内にある神に最も似たものと考え、最終的には、神を「純粋に精神的な存在」とみなすようになった。

読　者　でも、「神はすべてだ」という考えのほうが僕は好きですけどね。

哲学者　それも、同じようにとても抽象的な考え方だな。神とは結局、抽象的にしかとらえられないものなのだ。だから、宗教に対して批判的な考えをもつ哲学者は、神を姿や形をもつ具体的な存在として把握しようとする宗教の傾向を非難してきたのだ。それでは、考えが浅はかすぎるというわけだ。クセノファネス[訳注17]は「もし牛に手があり、絵を描けるなら、牛が描く神は牛の形をしているだろう」と言っている。

読　者　でも、僕たち人間が、神を人間の形で想像しなかったとしたら、いったいどうやって神について考えられるというんですか？

哲学者　それもまた難しい質問だ。

メモ（五）

「宇宙の起源とは何か」という問いは、物理学だけが扱うものではありません。物理学で用いられる空間や時間といった基礎概念は、哲学でも研究の対象とされます。哲学者は、「宇宙の起源とは何か？」という問いを「なぜ、世界が存在するのか？」という問いに言い換えます。世界に存在するものすべての究極の原因である

訳注16：一二二五～七四年、中世イタリアの哲学者。『神学大全』で知られるスコラ学の代表的神学者。カトリック教会と聖公会では聖人の一人とされる。

訳注17：紀元前五六〇年頃～前四七八年頃、古代ギリシャの哲学者。

「不動の動者」は存在するのでしょうか？　神という概念があるから神は存在すると言えるのでしょうか？　これまでに多くの哲学者が神の存在を証明しようと試みてきました。哲学的、形而上学的、認識論的問題として神の存在を証明しようとした哲学者もいれば、神の存在証明よりも信仰と理性が矛盾しないことを明らかにしようとした哲学者もいました。「神とは何か？」。これも、長い間、哲学が扱ってきたテーマです。

土曜日

哲学とは何か？

三つの基本的な区別

読　者　哲学者のように考えるとはどういうことなのか、この五日間で、僕はだいぶ理解できたような気がします。でも、まだ「哲学とはこれだ」と言えるようなものを見つけられていない気がします。つまり、哲学そのものを定義できないんです。

哲学者　ソクラテスも、君と同じように考えた。プラトンが書いた『ソクラテスの弁明』によると、ソクラテスは、正義や友情といった基礎概念を説明するのにひたすら例を挙げつづける相手に「例を挙げるのではなく、それらを定義してほしい」と言い返したそうだ。

読　者　そもそも哲学を定義することなんてできるんですか？

哲学者　哲学を定義するのが難しいのは、「哲学の本質とは何か？」という問い自体が哲学の課題だからだ。だから、その答えは哲学者によって違う。

読　者　じゃあ、その中からあなたが正しいと思う答えを一つ、僕に教えてくださいよ。

哲学者　私は、哲学者の「明確な見解」のどれもが基本的には正しいと思っている。哲学の他の課題についても同じだ。どんな見解も真剣に考えられたうえでの結論であれば、多かれ少なかれ正しい。そうでなければ、誰もそんな見解を支持したりしないだろう。

読　者　あなたが言う「明確な見解」とはどういうものですか？

哲学者　それを知りたいなら、まずは哲学をするうえでとても重要な三つの区別を理解しておかなければならない。一つめは、認識の種類の区別だ。経験せずに得られる認識、つまり、先験的（先天的）な認識のことを、哲学ではカントにならって「アプリオリな認識」と呼んでいる。反対に、経験を通して得られる認識のことを「アポステリオリな認識」と呼んでいる。

読　者　例を挙げて説明してください。

哲学者　例を挙げる前に、二つめと三つめの区別も説明しておきたい。二つめはいわゆる事象の区別で、特定の状態でなければ成立しない事象を「必然的事象」と呼び、特定の状態でなくても成立する事象のことを「偶然的事象」と呼ぶ。そして、三つめは発言の区別だ。ただ意味的に正しい発言のことを「分析的に真の発言」と呼び、意味的に正しいだけではなく、総合的に正しい発言のことを「総合的に真の発言」と呼ぶ。

読　者　三つの区別についてはわかったので、例を挙げてくださいよ。

哲学者　では、三つの区別を同時に説明できる例を挙げよう。たとえば「独身男性は未婚である」という発言について考えてみよう。この発言は、意味的には正しいので「分析的に真の発言」とみなすことができる。

読　者　それは、「独身男性」が「未婚の男性」を意味するからですか？

哲学者　そうだ。「独身男性」という言葉は「未婚」という意味をすでに含んでいるから、「独身男性は未婚である」という発言は意味的には正しいことになる。また、独身男性は未婚で**なければならない**ので「必然的事象」ということにもなる。

読　者　ところで、発言と事象の違いは何ですか？

哲学者　発言とは言葉であり、その言葉が言い表すものが特定の事象、つまり、「独身男性は未婚である」ということだ。「独身男性は未婚である」という発言は意味的に正しい、つまり、「分析的に真」であるので、その言葉が言い表す事象は必然的ということになる。なぜ「分析的に真」であれば、事象が必然的になるかというと、未婚でない男性を「独身男性」と言い表すことはできないからだ。つまり、「独身男性」と呼ばれるものは未婚でなければならないのだ。要するに、「分析的に真」であるとは、そこに必然性がともなうということだ。

読　者　なるほど。

哲学者　また、「独身男性は未婚である」という認識は「アプリオリな認識」であると言える。なぜならこの認識は経験を通して得られるものではなく、「独身男性」と「未婚」という言葉の意味を知ってさえいれば得られるものだからだ。

読　者　でも、なぜ、それが経験を通して得られる認識ではない、と言えるんですか？　だって、まずは「独身男性」と「未婚」という言葉を学ばなければそういう認識はできないわけですよね。それには、それらの言葉を学ぶという経験が必要なのでは？

哲学者　もちろんだ。だが言葉の意味を一度知ってしまいさえすれば、認識は得られる。「独身男性は未婚ですか？」という質問をされたら即答できるようになる。経験から判断する必要はないのだ。だが、「独身男性は基本的に寝るのが遅いですか？」という質問をされたらそうはいかない。それに答えるためには、独身男性についての情報を集めて分析しなくてはならないからだ。

読　者　じゃあ、「独身男性は基本的に寝るのが遅い」という認識を得られたならば、その認識は「アポステリオリな認識」とみなされるのですか？

哲学者　そうだ。それに、いろいろ分析したうえで「独身男性は基本的に寝るのが遅い」と認識し、そう発言したなら、その発言は意味的に正しいだけでなく、事実としても正しいので「総合的に真の発言」ということにもなる。だが、独身男性はみな夜更かしをしなくてはならないというわけでは決してないので、「独身男性は基本的に寝るのが遅い」ということは「偶然的事象」とみなされるのだ。独身男性だって早く寝たいときもあるだろう？

読　者　とりあえず、三つの区別については理解できました。

メモ（一）

「哲学とは何か？」という問い自体が哲学の課題の一つです。だから、その答えは哲学者によって違います。哲学者のさまざまな見解を理解するためには、まず三つの区別を知っておかなければなりません。「アプリオリな認識」と「アポステリオリな認識」、「必然的事象」と「偶然的事象」、「分析的に真の発言」と「総合的に真の発言」の区別です。

概念を解明する哲学

読　者　でも、この三つの区別がどんなふうに役立つのですか？

哲学者　多くの哲学者の考えを理解するうえで役に立つのだ。なぜなら、彼らは常にこう考えるからだ。「『分析的に真の発言』は『必然的事象』を言い表し、その事象は『アプリオリ』に認識できる。一方、『総合的に真の発言』は『偶然的事象』を言い表し、その事象は『アポステリオリ』に認識できる」と。つまり、人間の見解とは、分析的、必然的、アプリオリであるか、あるいは、総合的、偶然的、アポステリオリであるかしかない。これ以外の組み合わせはないというわけだ。

読　者　つまり、分析的、偶然的、アポステリオリという組み合わせや、総合的、必然的、アプリオリという組み合わせはないということですか？

哲学者　そうだ。この区別をもとに、我々は哲学の本質を確かめることができる。哲学とはものごとの本質を明らかにする学問だ。ものごとの本質を明らかにするとは、言い換えれば、ものごとの必然的な性質を解明することだ。先の区別に従えば、必然的であるとは分析的に真であるということなので、哲学は分析的真実を取り扱う学問ということになる。分析的真実とは、言葉の意味から成り立つものだ。そう考えていくと、哲学とは言葉を研究する学問だ、と言うことができるだろう。

読　者　えっ？　哲学が解明しようとするのは言葉なんですか？

哲学者　これが「哲学とは言語分析だ！」という新しい考え方だ。二〇世紀に入って哲学者たちはものごとの本質を明らかにすることは言葉を解明することにほかならない、と考えるようになった。ものごとの本質を明らかにすることが哲学の本質だという考えはもう古いのだ。

読　者　それはちょっとがっかりですね。だとしたら、哲学の本質は、はじめは世界の本質の追究という壮大なものだったのに、今はただの言語研究だと言われている気がしますよ。

哲学者　言語というよりは、概念の研究といったほうが適切かもしれない。昨日も話したが、我々が用いる概念と世界との関係はまだ明らかにされていない。もしかしたら、概念の本質は世界の本質を映しだすものかもしれない。それどころか、世界の本質は概念の本質と同じものかもしれないのだ。

読　者　それでも、言葉の研究と言われると、どうしても平凡なもののように聞こえてしまいます。さっきの例のように「独身男性は未婚である」という言葉を研究することが奥深い研究である、なんて僕には思えませんからね。

哲学者　「分析的に真の発言」がすべて**明らかに**正しい発言なら、言葉の研究は奥深い研究でないと言えるかもしれない。我々だって「知る」という概念を定義しようと試みたではないか。あのとき簡単に「知る」の本質的な定義を見つけだしていたなら、「分析的に真の発言」を見つけるのは簡単だと言えるかもしれないが、実際はそうではなかった。

読　者　思い出しましたよ。ちょっと変わった例を挙げていろいろと考えてみたけれど、「知る」とは単なる「正当化された真実の確信」ではないとわかっただけでした。

哲学者　「『知る』とは『正当化された真実の確信』だ」という発言は、深く考えなければ「分析的に真の発言」とみなせるだろう。だが、厳密にはそうではない。要するに、我々はさまざまな言葉を使いながら、それらの概念が互いにどう関係しているかを知っているようでいて、実は知らない。だから、哲学者は概念を解明する必要があるのだ。

読　者　じゃあ、哲学者がすべきことは概念を定義することだけなのですか？

哲学者　そういうわけではない。言語や概念を研究する方法はいろいろある。必要条件と十分条件をすべて見つけだし、概念を定義することもその一つだが、必要条件だけ、あるいは十分条件だけを見つけて概念を明らかにする方法や、複数の例文をつくり、それらを比較しながら概念を明らかにする方法もある。また、論理学を用いて概念と概念の関係を合理的に把握しなおすという方法もある。

読　者　じゃあ、**どの**言語を研究するかで結果も変わってくるということですか？　たとえば、中国人は西洋人とはまったく異なる概念を用いているかもしれませんよね。

哲学者　そうかもしれない。だが、哲学で研究の対象とされる概念のほとんどは、どの言語にもある概念だ。哲学者は適当に概念を選んで明らかにしようとするのではない。人間が自己と世界を理解するために用いる基礎概念を選び、それを解明しようとするのだ。「知識」、「真実」、「もの」、「性質」、「公平」、「自由」、「快楽」、「美」といった概念だ。

読　者　じゃあ、ドイツ語の「Junggeselle（独身男性）」という表現は、独身男性を意味したり、若い職人を意味したりする他の言語にはない特別な表現なので、哲学の研究対象にはなりませんね。

哲学者　だが、**母語にしかない**概念を解明することも大事なのだ。哲学の問題が言葉の問題であるなら、母語を研究することは、我々自身を解明することにつながるはずだ。つまり、母語研究を通して母語にしかない概念を解明していけば、我々が抱える哲学的問題は我々特有のものである、と解釈することもできるということだ。

読　者　じゃあ、哲学の問題に取り組みたい人は、母語だけ理解していれば十分だということですか？

哲学者　そうだ。だから哲学は経験的知識を必要としない、純粋にアプリオリな学問とみなされるのだ。たとえば、「『知る』とはどういうことか？」という哲学の問いに答えるためには、この質問の意味を理解するだけで十分だ。つまり、「知る」という言葉を使って話せる能力があり、「知る」という概念さえわかっていれば、この質問に取り組むことができるのだ。この点で、哲学は、実験や観察から得た経験的知識に基礎を置く科学とは違うと言えるだろう。

読　者　確かに、僕は月曜日からあなたと哲学の問題に取り組んできましたが、実験したり、観察したりなんてことは一度もしませんでしたね。

哲学者　そうだ。先ほど、人間の見解とは、分析的、必然的、アプリオリであるか、あるいは、総合的、偶然的、アポステリオリであるかのどちらかしかない、と話したが、それに従えば、経験的知識に基礎を置く科学は偶然的事象と総合的真実とアポステリオリな認識を扱い、経験的知識を必要としない哲学は必然的事象と分析的真実とアプリオリな認識を扱うと解釈できる。この解釈が正しいなら、哲学と科学は正反対のものということになるだろう。

読　者　でも哲学と科学にまったく共通点がないというのもおかしな話じゃないですか？

哲学者　それについては別の意見もある。それは、哲学と科学が正反対のものだと認識すれば、逆に両者が協力する可能性を広げられる、という意見だ。

読　者　どうやって協力できるんですか？

哲学者　科学者といえども、自分たちが用いる基礎概念を解釈しなおさなければならない場合がある。たとえば、神経科学について考えてほしい。神経科学で用いられる概念は、知覚、思考、感情、意志、意識というように定義が難しいものばかりだ。

読　者　つまり、哲学者は概念を明らかにし、科学者は実験をし、互いに協力することで科学を支えているということですか？

哲学者　ピーター・ハッカー訳注1なら、こう説明するだろう。「哲学者は科学者の発言の意味を明らかにし、それができた場合に限り、科学者はその発言が真実かどうかを確認できる」と。

訳注1：一九三九年生まれ、イギリスの哲学者。専門は心の哲学と言語哲学。ヴィトゲンシュタインの著書の評釈、経験のみに基礎を置く神経科学に対する批判で知られている。

読　者　じゃあ、哲学者が科学者の発言の意味を明らかにできなければどうなるんですか？

哲学者　その場合には、哲学者と科学者は、どういった概念を用いれば発言が明確な意味をもつようになるかを一緒に考えなければならないだろう。

メモ（二）

哲学とは言葉の意味を研究する学問だという考えがあります。哲学が追究するのは、ものごとの本質、ものごとの必然性、いわゆる分析的真実であり、それを言い表す言葉、概念だというのです。こう考えると、哲学とは言葉と概念を研究する、純粋にアプリオリな（経験的知識に基礎を置かない）学問であると言えます。つまり、哲学（必然的事象と分析的真実とアプリオリな認識を扱う学問）と、経験的知識に基礎を置く科学（偶然的事象と総合的真実とアポステリオリな認識を扱う学問）は正反対のものなのです。では、哲学と科学にはまったく接点がないのでしょうか？　そんなことはありません。科学者といえども、自分たちが用いる基礎概念をたびたび解釈しなおさなければなりません。その際には哲学者の助けを必要とします。

三つの大ざっぱな区別？

読　者　でも、「哲学と科学は正反対のもの」だと考えない哲学者はいないのですか？

哲学者　いるとも。哲学と科学の間に明確な違いはない、と考える哲学者もいる。

読　者　それは、哲学を言葉を研究する学問とみなさないからですか？

哲学者　いや、それよりも一歩進んで、「分析的に真の発言」と「総合的に真の発言」を区別できるとする考え自体がおかしい、と考えるからだ。

読　者　でも、あなたは僕にその区別の仕方を説明してくれましたよね。

哲学者　私は君に、「分析的に真の発言」とは「ただ意味的に正しい発言」だ、と説明した。だが、ここには「意味的に正しい」とはそもそもどういうことなのかという説明が欠けている。「意味的に正しい」という言葉を明らかにしようとすれば、おそらく「人間の言語能力で認識可能な」とか「必然的に真である」とか、結局「分析的に真である」と説明するしかないだろう。

読　者　つまり、循環論法に陥るということですか？

哲学者　そうだ。「分析的に真である」という表現を受け入れられない人はこういった循環論法をおかしいとみなすのだ。

読　者　でも、循環論法のどこが問題なんですか？　結局、同じ説明しかできなくてもいいじゃないですか。一つの概念を延々と定義しつづけるわけにはいかないのでは？

哲学者　ウィラード・ヴァン・オーマン・クワイン[訳注2]をはじめとする一連の哲学者たちは、こういった循環論法は問題だと考えるが、彼らならきっとこう言うだろう。『分析的に真の』、『必然的に真の』、『意味的に正しい（真の）』といった表現のどれもが、結局は理解不能なものなのだ」と。つまり、理解不能な表現を他の理解不能な表現で繰り返し説明しても無駄だということだ。

読　者　でも、明らかに「分析的に真の発言」というものもありますよね。「独身男性は未婚の男性である」という発言なんかがそうです。

哲学者　だが、ローマ法王を「独身男性」と呼んでいいだろうか？　法王に妻はいないが、だからといって「独身男性」と言うのはどこかおかしいだろう？

読　者　まあ、例外は常にありますから。とにかく、「独身男性は未婚の男性である」という発言は「分析的に真の発言」だと証明できるような気が僕にはするのです。

哲学者　「知る」という言葉を定義しようとしたときのことを覚えているかね？　私と話をする前は、君だって「知る」という言葉など簡単に定義できると思っていただろう？

読者　つまり、あなたは「分析的に真の発言」など一つもないと言いたいのですか？

哲学者　そんなことはない。私は「分析的に真の発言」と「総合的に真の発言」を区別するのはそんなに難しくないと思っている。なぜかと言えば、我々は誰でも、日常生活において、「信じられない」という言葉と「理解できない」という言葉を明らかに区別して使っているからだ。ピーター・ストローソン[訳注3]とポール・グライス[訳注4]は「ある人が『私の三歳の息子はラッセルの型理論[訳注5]を理解できる』と言ったら、誰も信じないだろう。だが、『私の三歳の息子は成人だ』と言ったら、誰もそれを理解できないだろう」と言った。

訳注2：一九〇八～二〇〇〇年、二〇世紀アメリカを代表する哲学者、論理学者の一人。伝統的分析哲学の正統な継承者であったが、哲学は概念分析ではないという考えの主たる提唱者でもあった。

訳注3：一九一九～二〇〇六年、イギリスの哲学者。日常言語の論理的特徴について非形式的な哲学分析を行なった。

訳注4：一九一三～八八年、イギリスの哲学者。言語哲学では「意図ベースの意味論」を提唱したことで知られる。

訳注5：イギリスの哲学者、論理学者であるバートランド・ラッセルが、述語論理におけるパラドクスを解決しようとして提唱した理論。

読　者　つまり、「理解できない」と「信じられない」の違いが、「分析的に真の発言」と「総合的に真の発言」の違いというわけですか？

哲学者　そうだ。「分析的に真の発言」の反対は「分析的に偽の発言」だ。人間は「分析的に偽の発言」については理解することができない。だから「私の三歳の息子は成人だ」という発言を理解することができないのだ。一方、人間は「総合的に真の発言」の反対である「総合的に偽の発言」については、理解することはできても、信じることができない。だから、「私の三歳の息子はラッセルの型理論を理解できる」という発言を信じることができないのだ。だが、これで「分析的に真の発言」と「総合的に真の発言」の違いをすべて説明できたわけではない。ここには「理解できない」とか「信じられない」といった表現は何を意味するのかという説明が欠けているからだ。結局、すべてを明らかにするためには「言語表現の意味を認識する」とはそもそもどういうことなのか、を明らかにしなければならないのだ。それを試みたのが、二〇世紀の言語哲学者たちだ。

読　者　どんなふうに試みたのですか？

哲学者　全部を説明することはできないが、言語哲学の基本的な考えは二つある。それを紹介しよう。一つめは、言語はそれがもつ機能によって規定されている、という考えだ。つまり、人間は、ある言葉が何を指すのかを知ることでその言葉の意味を知り、どういった状況で文章は正しいとみなされるのかを知ることでその文章の意味を知るのだ。さらに、人間は、複数の言葉から成る複雑な表現がどのようにして意味をもつようになるかを理解することで、言語の構造を理解する。

読　者　それは、納得できますね。

哲学者　だが、細かいところまで見ていくとそうではないとわかる。たとえば、「フランスの現在の国王」という言葉は何の意味もなさない。フランスに国王はいないからな。「では」といった表現も何も意味しない。まだあるぞ。「あなたたちを男と女に任命します」とか、「万歳！」とか「今何時ですか？」といった表現は、意味があるかないかを判断できるようなものではないだろう。

読　者　じゃあ、二つめの考えはどういうものなのですか？

哲学者　言語表現とは実践であり、ある種の行為だという考えだ。つまり、人間はある表現を自分で使うことができてはじめて、その表現の意味を知る。

読　者　その二つの考えをつなげることはできないのですか？

哲学者　言語哲学者もそれを試みた。だが今話したように、細かいところまで見ていくと矛盾がたくさん出てくる。だからクワインのように「意味」という概念自体を理解不能なものとみなす哲学者も少数ながらいるのだ。

読　者　でも、そういう少数意見は脇に置いておきましょうよ。とりあえず分析的真実と総合的真実は区別できないと考えるとして、それがいったい哲学にどう影響するんですか？

哲学者　先ほど私は、哲学は分析的真実を追究し、それ故、必然的事象を研究するアプリオリな学問であり、科学は総合的真実を追究し、それ故、偶然的事象を研究するアポステリオリな学問だと言った。だが、分析的真実と総合的真実が区別できないとなると、そうは言えなくなるのだ。要するに、分析的真実と総合的真実の区別がなくなれば、アプリオリな認識とアポステリオリな認識の区別も、必然的事象と偶然的事象の区別も、哲学と科学の区別もなくなってしまうということなのだ！

読　者　それでも、哲学は科学と区別できなくてはならないと思います。

哲学者　それなら、こう言おう。「学問と学問の間に明確な区別はないが、大ざっぱな区別ならある。ほとんどの学問は経験的知識をもとに解明できる問題を扱っているが、それ以外の学問は経験的知識をもとに解明できない抽象的な問題を扱っている」と。

読　者　つまり、哲学は経験的知識をもとに解明できない抽象的な問題を扱う学問というわけですね。

哲学者　そうだ。数学も哲学と同じ種類の学問だ。

メモ（三）

多くの哲学者が、分析的真実と総合的真実は区別できるという考えに反論しています。「分析的に真の発言」がどんな場合にも意味的に正しいというわけではない、というのがその理由です。哲学者の意見が一致しないのは、「意味」という概念自体が理解しがたいものだからでしょうか？　二〇世紀に入ってから、多くの哲学者が言語の「意味」を解明しようと試みました。言語はそれがもつ機能によって規定されていると考えたり、言語表現は実践であり行為であると考えたりして、言葉の「意味」とは何かを明らかにしようとしたのです。

分析的真実と総合的真実の区別がなくなれば、アプリオリな認識とアポステリオリな認識の区別も、必然的事象と偶然的事象の区別もなくなってしまいます。それどころか、哲学と科学との区別もなくなってしまいます。ですが、明確な区別はないけれど、大ざっぱな区別ならできる、と考えてみてはどうでしょうか？　ほとんどの学問は経験的知識をもとに解明できる問題を扱っているけれど、それ以外の学問（哲学や数学）は経験的知識をもとに解明できない抽象的な問題を扱っていると考えてみるのです。

概念をつくりあげる哲学

読　者　ところで、あなた自身は分析的真実と総合的真実は区別できるという考えを正しいと思っているのですか？

哲学者　ああ、そう思っている。

読　者　哲学は分析的真実を追究し、科学は総合的真実を追究するから、両者は明確に区別できると思うわけですね。

哲学者　いや、そうは思わない。

読　者　それじゃあ、話がかみ合わないじゃないですか？

哲学者　分析的真実と総合的真実は区別できると考えるからといって、哲学を分析的真実を追究するだけの学問であるとみなす必要はないだろう？

読　者　哲学は、分析的真実と総合的真実の両方を扱う学問だというわけですか？

哲学者　明らかにそうだ。我々が月曜日から話してきたことをもう一度考えてみたまえ。

私は君と一緒に「知る」とは何か、「正当化された真実の確信」とは何かを考えた。これは、もちろん概念を解明する、つまり、分析的真実を追究することだが、その一方で我々は概念を解明するだけでは解けない問題についても考えた。つまり、倫理や道徳についてだ。

読　者　そうでした。功利を最大限増やすという功利主義の原理に反対する人に向かって「君は言葉の理解力が足りないからこの原理を理解できないのだ」とは言えない、ということでしたよね。それでも、倫理の中心にあるのは概念を解明することであるようにも思えます。あなただって僕に「公平」と「自由」とは何かを説明してくれたじゃないですか。

哲学者　そのとおりだ。確かに「公平」と「自由」とは何かを説明することは、概念を解明しようとすることだが、それだけでなく、「概念をつくりあげる」ことでもある。つまり、個々の出来事の中で我々が下した判断と理論を調整し、その両方に合う「公平」という「概念をつくりあげる」ことなのだ。

読　者　それは「反照的均衡」と呼ばれるものでしたよね？

哲学者　そうだ。「反照的均衡」は科学が常に行なっていることだが、哲学も同じことをしている。だから私は、哲学と科学との間に明確な区別はないと思うのだ。

読　者　じゃあ、哲学も科学なのですか？

哲学者　そうであるとも言えるし、ないとも言える。ここで「概念をつくりあげる」とはどういうことかを説明するための例を挙げよう。君はなぜクジラは魚ではないと知っているのかな？

読　者　クジラは授乳して子を育てます。それに、魚とは違って肺があるからです。

哲学者　だが、君はなぜその二つの特徴をもつ生きものが「魚ではない」と知っているのかな？

読　者　その二つの特徴が生物学的な魚の定義に当てはまらないからです。

哲学者　では、魚の定義はどうやって生まれたのだろうか？

読　者　生物学者が研究しやすいように生きものを分類したからだと思います。

哲学者　私もそう思う。ここで大事なことは、生物学者は「魚」という言葉を一般論を分析することで定義したわけではないということだ。昔はみんな「クジラは魚だ」と普通に言っていたのだから。一般論だけで魚を定義するなら、クジラは今も魚だろう。だが生物学者はクジラをいろいろな魚と比較したところ、クジラは魚と呼ぶにはあまりにも他の魚と違いすぎていることを知った。そこで、魚という概念を定義しなおして、クジラは除外したというわけだ。ルドルフ・カルナップ[訳注6]はこのような言葉の定義づけを

「概念の解説」と呼んでいる。

読　者　確かにそうやって「魚」という概念は定義されたのかもしれません。でも、そこからいったい何がわかると言うんです？

哲学者　ある認識が経験を通して得られたものか、そうでないかを判断するのは難しいということだ。今話したことをまとめると「クジラは魚ではない」という認識は経験を通して得られたものだと言えないだろうか？　そうは言えないとしても、魚という概念を定義するには経験が必要だったとは言えるだろう。だが、その一方で、魚という概念が経験的知識のみから成り立つものではないのも事実なのだ。「概念をつくりあげる」とはつまり経験的知識によって概念に明確な形を与えることだ。このことを哲学では「概念形成」と呼んでいる。

読　者　つまり、「概念形成」は自然科学と同じように倫理学や道徳哲学の中でも行なわれているというわけですか？

哲学者　そう言えるだろうな。「公平」という概念の正しい定義を見つけだすのは、「魚」という概念の正しい定義を見つけだすことと似ていないだろうか？　両者とも、

訳注6：一八九一～一九七〇年、ドイツの哲学者。論理実証主義者として知られる。

現実の中で人間が下した判断と理論を比較したうえで、世界を解釈する最もよい方法を考えていることになるからだ。水曜日にも道徳と自然科学の共通点については話しただろう？

読　者　ええ。そう考えると、哲学と科学の区別が曖昧だというより、哲学と科学には共通点がある、と解釈したほうがいいかもしれませんね。

哲学者　そうかもしれない。だが、区別が曖昧だと解釈してもかまわない。その曖昧さははっきりとわかるものだからな。

読　者　どんなふうにわかるんです？

哲学者　昨日話したことを思い出してほしい。自然科学の基本的な課題の中には哲学に移行できるものもあると話しただろう？　たとえば、「空間と時間とは何か？」という問いは物理学の課題だが、形而上学の課題でもある。「意識とは何か？」という問いは認知科学全般の課題だが、哲学の課題でもある。「言語とは何か？」という問いは言語学の課題だが、言語哲学の課題でもある。こんなふうに例を挙げればきりがない。哲学とは単に概念を解明することだと言ってしまえば、哲学は言葉の意味を、自然科学は経験的知識を追究すると言うしかない。だが、概念を解明するとは、経験的知識をもとにして「概念をつくりあげる」ことでもあると考えれば、哲学と科学の区別の曖昧さがはっきりとわかるだろう。

読者　それなら、哲学は科学の一部であり、科学の基礎的学問だと言えるかもしれませんね。

哲学者　古代の哲学者も、哲学をそんなふうに解釈した。彼らは「哲学とは自然科学の基礎原理を研究する学問であり、その研究は経験的知識をあまり必要としない」と考えた。アリストテレスもそう考えた哲学者の一人だ。

メモ（四）

　分析的真実と総合的真実は区別できると考えるからといって、哲学を分析的真実を追究するだけの学問であるとみなす必要はありません。哲学の中でも倫理学と道徳哲学という分野においては科学と同じように「概念形成」を行なうからです。この点で、哲学は科学に似ていると言えます。一方、科学は哲学と同じ問題を扱っているという点で、純粋に経験的知識に基礎を置く学問だとは言えなくなります。哲学と科学が似ているのは、ただ共通点があるからというわけではありません。哲学と自然科学の区別がもともと曖昧だからです。哲学と自然科学の課題は「空間と時間とは何か？」という問いのようにときに重複しています。だから、哲学は科学の一部であり、科学の基礎的学問だと言えるのです。

体系の構築と謎解き

読　者　じゃあ、あなたは、哲学とは概念の解明と概念形成の両方を行なう学問だ、と言いたいわけですか？

哲学者　そうだ。だが、哲学のテーマによって両者の比率は変わる。全体的に見ると概念の解明のほうがより重視されているな。

読　者　なぜ、哲学者は概念形成より概念の解明のほうが重要だと考えるのですか？それはどこか保守的な感じがしますね。

哲学者　対象となる概念の意味や他の概念との関係を明らかにする前に、いきなり概念形成を行なうことはできないだろう？　個々の概念を解明したうえで、概念と概念の間に新しい境界を設け、新たな秩序を与えるのが概念形成だ。ここで大事なのは、どんな概念にも何世代にもわたる人間の経験が反映されていると知ることだ。概念形成は簡単にできるものではない。特に、哲学の基礎概念についてはそう言える。

読　者　じゃあ、哲学はどう発展していけばいいのでしょう？

哲学者　重要な質問だな。それについては私も詳しく話したいと思っていた。哲学は科学と違い、新しい経験的知識をどんどん吸収していくわけではないからな。

読　者　哲学者は観察や実験をしませんからね。

哲学者　そのとおり。科学では概念の解明より概念形成を行なうことのほうが圧倒的に多い。それは新しい経験的知識を常に学問的に整理していかなければならないからだ。だが、哲学は違う。「知る」や「もの」といった哲学の基礎概念は新しい知識を手に入れたからといって変化させられるものではないからだ。

読　者　結局、哲学は、概念の解明と概念形成を行なうことで、倫理と道徳と科学の基礎概念を解明しようとしている、という定義しかできないわけですね。

哲学者　あるいは、哲学とは人間が用いる概念を全体的に把握することで、人間が世界と自己を理解する（基礎的、理論的、実践的）能力を改善しようとしている、と定義できるかもしれないがな。

読　者　でも、僕が月曜日からずっと気になっているのは、その「全体」なんですよ。あなたが説明してくださった個々の哲学者の思想はよくわかったつもりです。でも、哲学を全体的にとらえられたか、というとそうじゃありません。だから、「木を見て森を見ず」にならないようにしなければ、と努力はしているんですけどね。

哲学者　自然科学では個々の事例が大事だとされるが、哲学では確かに「全体」が重要であるといわれる。個別に見れば明らかに正しいのに「全体的に」見れば矛盾だらけだ、ということが哲学では常に起こりうる。そこに哲学の難しさがある。だから、哲学で大事なのは、常に「全体」に目を向けるよう心がけることだ。

読　者　じゃあ、どんな思想もそこに取りこまれるような一つの体系をつくらなければなりませんね。

哲学者　確かに、多くの哲学者は一つの哲学体系をつくりあげようと試みた。ヘーゲル[訳注7]もそうだ。現代でも、個々の哲学者がそれぞれに思想をもっているのではなくて、個々の思想が大きな学問の体系を成り立たせている、と考える哲学者がたくさんいる。特に「形式を重んじる」哲学者の中にそう考える者が多い。

読　者　「形式を重んじる」哲学者とは？

哲学者　論理学や数学を用いれば哲学の体系的な理論を構築できる、と考える哲学者だ。

読　者　あなたもそう信じているんですか？

哲学者　哲学理論を研究している人にとってその考えは魅力的だと思う。論理学は哲学にとって、とても重要な学問でもあるからな。

読　者　それは論理学が思考の法則を研究している学問だからですか？

哲学者　その言い方は曖昧すぎるな。人間が**実際**どう考えるかという問題は、論理学ではなく、心理学が扱う問題だ。論理学は思考の法則ではなく、**正しく**推論する方法を研究し、その結果を体系化する学問だ。

読　者　でも、哲学に論理学が必要でしょうか？　僕は月曜日からあなたと一緒に哲学について話をしてきましたが、論理学を知らなくても理解できましたよ。

哲学者　論理学とは、冷戦時代の武器のようなものなのだよ。

読　者　どういうことですか？

哲学者　冷戦時代、アメリカとソ連は大量の武器を開発した。でも、それは武器を使用するためではなく、相手国を脅し、威圧するためだった。論理学もそれに似ている。論理学を用いることは**できるが**、用いる必要はないということだ。つまり、論理学を念頭において哲学的な説明をすると、それだけで、たとえ論理学的に分析していなくても、

訳注7：一七七〇〜一八三一年、ドイツの哲学者。ドイツ観念論を代表する思想家。新プラトン主義の哲学、ルネサンス以来の近代思想を独自の観点から、論理学、自然哲学、精神哲学からなる三部構成の体系にまとめあげた。

その説明は自然と明確なものになるということだ。要するに、論理学は非論理的な思考を食い止めるための武器になるというわけだ。

読　者　さっきあなたは、哲学理論を研究している哲学者にとって論理学は魅力的だと言いましたが、哲学者はみんな哲学理論を研究しているのではないのですか？

哲学者　もちろん、研究している。ただ、「自分は科学者ではない」という理由だけで「理論」について話すのを避けている哲学者がたくさんいることは確かだ。彼らは「理論」という言葉を避けながら、実際は人間が用いる基礎概念全体に通用する理論、つまり哲学の「体系」を探している。だが、そうでない哲学者も多くいる。懐疑主義者のことを思い出してほしい。彼らは哲学を体系化しようなどとは考えなかった。

読　者　確かにそうでした。懐疑主義者は特定の問題にこだわっているだけでした。

哲学者　こういうことは哲学ではよくあることだ。問題を解く鍵となる特定の概念について考える。すると、もうそこから抜け出せなくなってしまうのだ。

読　者　つまり、哲学はヴィトゲンシュタインが言うところの「そうではないが、そうに違いない」という行き詰まった状態にあるわけですね。

哲学者　そうだ。古代の哲学者はそういう困惑した状態のことを「アポリア」と名づけた。哲学という学問は困惑に満ちている。人間は自由意志をもってはいないが、もっているに違いない、「もの」は複数の性質のみから成り立つわけではないが、そうであるに違いない、人間は何も知ることができないが、知ることができるに違いない、道徳は客観的なものではないが、そうであるに違いない、功利を最大限増やすことは道徳ではないが、道徳であるに違いない……というふうに、哲学者の困惑は数えあげればきりがない。

読　者　つまり、哲学の課題とはその困惑の謎を解くことなのですか？

哲学者　そうだ。私は、すべての哲学の原理の中心にあるのはこの謎だと思っている。いや、この謎こそが哲学の原理だと言っていいかもしれない。謎だからこそ原理であるとみなされている原理も多い。認識論が哲学の原理として認められているのは、懐疑主義者が提示しつづけた「人間はどうすれば真理を知ることができるのか？」という謎がありつづけるからで、形而上学が哲学の原理として認められているのも「何が存在するのか？」、「存在するとはそもそもどういうことか？」という謎がありつづけるからなのだ。

読　者　じゃあ、あなたは、哲学とは謎を解くことであり、理論をまとめ「体系」をつくりあげることではない、と考えるわけですね。

哲学者　もしかしたら、その両方を哲学と考えているのかもしれないな。そう考えるのは、私が哲学者だからかもしれないが、実際に謎を解くことは「体系」をつくりあげることと無関係ではない。確かに、多くの哲学者は特定の謎にこだわりつづけている。だが、哲学の謎を解くためには、その謎に関係する数多くの概念の全体像を把握しなければならない。つまり、研究の対象となる概念を体系化しなくてはならないということだ。ただし、概念を体系化しようとすれば、「そうではないが、そうに違いない」という謎に突き当たることになる。

読　者　結局、哲学とは、人間が世界と自己を理解する実践的、理論的方法の基礎を明らかにするために、概念の解明と概念形成を行ないながら、謎を解き、理論をまとめ「体系」をつくりあげる学問だ、と言っていいんじゃないでしょうか？

哲学者　うまい説明だな。

メモ（五）

哲学者は、概念形成よりも概念を解明することを重要だと考えます。ですが、研究の対象となる概念の全体像を把握し、それらの概念を「体系化」するためには、概念形成もやはり、概念の解明と同じように必要になります（多くの哲学者は概念を「体系化」するために論理学を利用しています。たとえそう見えなくても、哲学において論理学が果たしている役割は重要です）。ですが、理論をまとめあげ、学問を「体系化」することが哲学の中心課題ではありません。哲学の中心にあるのは常に「そうではないが、そうに違いない」という謎です。その謎だけにこだわりつづけている哲学者もいます。ただし謎を解くことは「体系」をつくりあげることと無関係ではありません。人間が世界と自己を理解する実践的、理論的方法の基礎を明らかにするためには、謎を解くことと「体系」をつくりあげることの両方が必要なのです。

哲学は発展するのか？

読　者　でも、哲学者が解明しようとする謎は、今も昔も変わらない気がします。たとえば「人間は真実を知ることができるのか？」という懐疑論や「人間は自由意志をもつのか？」という問い、つまり「心」と「身体」の二元論などは、ずっと哲学の謎でありつづけてきたわけですよね？

哲学者　それは、この先も変わらないだろうな。

読　者　おかしくないですか？　哲学者は二五〇〇年もの間、同じ謎を解こうとしてきたんですよ。そろそろそのいくつかは解けてもよさそうなものなのに、結局何も解けないでいる。哲学者は「もう嫌だ」と言ってさじを投げたりはしないとしてもですよ、こんなに長く何の進展もないところを見ると、そうした謎は絶対に解けない気がします。

哲学者　君は「哲学は発展しないのではないか」と言いたいのだな。それは難しい質問だ。

読　者　僕がそんなふうに思うのは、あなたが「プラトンもそう言っていた」、「カントもそう言っていた」といった言葉をしょっちゅう口にするからですよ。昔の人が考えていたことを今も僕たちは考えつづけているんですよね？

哲学者　哲学を勉強する人、研究する人は、昔の哲学者の考えを自分の頭でもう一度勉強しなおさなければならないからな。

読　者　でも、哲学が発展する学問であるなら、昔の哲学者の考えは古くなっていくわけですから、勉強する必要はなくなるということになりませんか？　たとえば、物理学者は今やニュートンの著書を研究したりはしないでしょ！

哲学者　そう考えると、「哲学は発展しないのか？」という質問自体が「そうではないが、そうに違いない」という哲学の謎だと言える。つまり、哲学は発展しないが、発展しているに違いないのだ。哲学は発展しないから、哲学者は長い間、同じ謎に取り組み、昔の哲学者の思想を解釈しなおしつづけているのではないか？　だが一方で、哲学は発展しているから、学問としてこんなにも受け入れられたのかもしれないとも言えるのではないか？

読　者　それで、あなたの結論は？

哲学者　結論は二つに分かれるだろうな。おもしろくない結論のほうを先に言おう。哲学は分野によっては発展している。

読　者　例を挙げて説明してください。

哲学者　二〇世紀に入って発展した哲学の分野は、論理学と言語哲学だ。学問としての論理学はアリストテレスによってはじめられたが、それ以降、論理学の内容が変更されることは長い間なかった。だが、一九世紀にゴットロープ・フレーゲ[訳注8]が論理学の基礎を整理しなおし、数学の原理をそこに応用したことで、論理学は新しい学問として再出発することになる。また、言語哲学の発展も論理学と似ている。二〇世紀に入ると、多く

訳注8：一八四八〜一九二五年、ドイツの数学者、論理学者、哲学者。現代の数理論理学、分析哲学の祖と呼ばれる。

の哲学者が言語の研究に力を入れるようになる（言語研究が行なわれやすくなったのは、フレーゲが論理学を発展させたからだ）。次第に、言語研究は哲学の範囲を超えるものとなり、そこから新たな言語学という学問が生まれたというわけだ。

読　者　だから、哲学は科学の基礎と言えるわけですね。

哲学者　そうだ。そういう例はほかにもある。だが、哲学が科学の基礎であるからといって、科学の発展に貢献しないということではない。物理学の哲学[訳注9]や神経哲学[訳注10]といった哲学の分野では、古い知識よりも新しい知識が重要とされるからな。

読　者　つまり、哲学は発展しているのですね。

哲学者　特定の分野に限ってはそうだと言える。だが、哲学が全体的に発展していると は言いたくないな。特に、哲学の中心にある謎に関しては進歩していないと言えるからな。

読　者　哲学の謎は解けないものだからですか？　それとも、すでに解かれているものだからですか？

哲学者　昔の偉大な哲学者たちはそれらの謎をできる限り解いてくれたと思う。だが、大部分はまだ解けていないのだ。

読　者　なぜ、そんなに解くのが難しいのでしょうか？

哲学者　「時代背景」が変わってくれば、すでにある答えがその時代に合っているかどうかを確認しなくてはならないからだ。

読　者　よくわかりませんね。「時代背景」が変わってくるって、具体的にどういうことですか？

哲学者　自由意志の問題を例に挙げよう。「人間は自由意志をもつか？」という問いは、現代では神経哲学の分野で取り扱われるが、中世では神学の問題として取り扱われた。つまり、中世ではすべてを知り、すべてを決定する全知全能の神が存在することを前提に、自由意志の問題が扱われたわけだ。今も昔も問題自体は変わっていないように見えても、やはりそこには決定的な違いがあるのだ。

読　者　それは、哲学の問題が解かれることは決してない、というふうにも聞こえますね。

哲学者　だが、「○○主義者」といった特定の立場をとる哲学者は誰もが、自分は大事な問題を解いたのだ、と信じている。

訳注９：近代物理学の基礎的、哲学的な問題を扱う科学哲学の一分野。
訳注10：神経科学と哲学の学際的な分野。

読　者　それは、うぬぼれではありませんか？

哲学者　そうとは限らない。もしかしたら、ある哲学者はある考えを謎を解く鍵とみなしてそれをうまくまとめあげたが、別の哲学者は別の考えを同じ謎を解く鍵とみなしてそれをうまくまとめあげたのだ、と言えるかもしれない。

読　者　ということは、一人の哲学者の考えを受け入れただけでは、哲学の謎は解けないということになりますよね。

哲学者　哲学には重要な考えがいろいろある。したがって、適切に、どれをどの程度重視するかが大事になる。哲学の謎にはいろいろな側面があり、どの側面を重要とみなすかによって問題の取り組み方も考え方も変わってくるからだ。そのため、哲学の議論では、いろいろな考え方の妥協点が結論になることが少なくない。

読　者　つまり、哲学は「調和」を重んじる学問なわけですね。でも、今僕が一番疑問に思っていることは、なぜ哲学をする人は昔の哲学者の考えを勉強しなくてはならないのか、ということです。

哲学者　その答えはすでに出ているではないか。昔の哲学者の考え、つまり、彼らが哲学的問題にどう取り組んだかを勉強することは、考える手順を一つ一つ見ていくことと同じだ。その手順を活用すれば、今度は自分で哲学の問題に取り組むことができるようになるのだ。

読　者　それは、哲学の歴史を研究する人がみんなやっていることですか？

哲学者　哲学者はみんな、哲学と並行して哲学の歴史を研究していると言っていいだろう。哲学的に見ると、哲学の課題は今も昔も特定のものに限られている。だから、昔の哲学者の考え方を身につけておけば、どんな答えも見つけやすくなるのだ。人間は新しい考えを主張しはじめると、古い考えが見えなくなる。だからこそ、昔の考えを学びなおす必要がある。昔の哲学者が遺《のこ》した言葉を純粋に解釈しなおすことには意味があるのだ。

読　者　つまり、昔の哲学者の本を読むことは、新たな発見をするきっかけになると？

哲学者　そうだ。だから哲学をする者は多かれ少なかれ昔の考えと向き合わなくてはならない。哲学では自分の言葉で説明しなおすことができない思想は本当に理解したものとはみなされないから、どんな哲学者の思想にも真剣に向き合う必要があるのだ。

読　者　まだ、どこか納得がいかないなあ。

哲学者　では、一つ例を挙げよう。この例は下手をすると君をより混乱させてしまうかもしれないが、もしかしたら、君を納得させることができるかもしれない。

読　者　どんな例ですか？

哲学者　芸術、特に文学についてだ。文学は、今も昔も多かれ少なかれ同じテーマを扱っていると思わないかね？

読　者　そのテーマって、愛と死ですか？

哲学者　そうだ。文学では「時代背景」[訳注11]が異なろうと、常に愛と死をテーマに作品がつくられてきた。もし誰かが「ソフォクレスが基本的にすべてを語ってくれたのだから新しい文学作品なんてもう必要ない」と言ったとすると、君はそれをおかしいと思うのではないか？

読　者　思いますね。

哲学者　作家は自分の作品をつくるために古典を読む。そこで彼らがやっていることとは、すでに古くなったと思われている考え方をもう一度新たな視点からとらえなおすことなのだ。

読　者　古代ギリシャ・ローマの古典文化の復興を目指したルネサンスの思想に似てますね。つまり、あなたは哲学もそれと似たようなことをやっていると言いたいのですか？

哲学者　そうだ。哲学の中心テーマは人間だ。このテーマは古びることがない。なぜなら人間である以上、このテーマと向き合うことを一生余儀なくされるからだ。作家は完璧な文学作品を求め、哲学者は人間の謎を完璧に解こうと試みる。だが、人間である以上、それは不可能であり、不可能であるから人間なのだとも言えるのだ。

読　者　いい説明ですね。

メモ（六）

哲学も部分的には発展しています。論理学や言語哲学や言語学といった新しい学問が生まれたのは哲学が発展したおかげです。ですが、哲学の中心にある謎は、今も解かれてはいません。昔の哲学者たちはこの謎を解くことができなかったのでしょうか？　解いたのかもしれません。ただし、完璧な解答ではなかったのでしょう。時が経てば、「時代背景」や環境や人間の興味は変化します。ですが、哲学者たちは今も昔と同じ謎に取り組んでいます。この謎を解くためには、昔の哲学者の考えと向き合い、新たな視点を獲得しなければなりません。それはまた、文学をはじめとする芸術がしてきたことと同じです。

訳注11：紀元前四九六年頃〜前四〇六年頃、アテナイの悲劇作家。古代ギリシャ三大悲劇詩人の一人に数えられる。

日曜日

哲学は何のためにあるのか？

読　者　向こうに見えるのは海ですか？

哲学者　そうだ。この象牙の塔が立つ「幸福の島」は、「美の海」と呼ばれる海に囲まれている。

読　者　とても詩的に聞こえますね。ここにいることにもかなり慣れてきましたよ。こうやって窓の外を眺めても目がくらまなくなりました。

哲学者　私は一週間かけて君に哲学のほとんどの分野（倫理学、道徳哲学、認識論、形而上学、心の哲学、言語哲学、メタ哲学）の要点を説明した。一週間では本気で哲学をしたとは言えないが、それでも君は何かを学んだのだろう。

読　者　そうですね。でも学んだというよりは、むしろ疑問をたくさん抱えた気がしますけどね。

哲学者 それでいいのだ。私は君に哲学の問題を解くヒントを与えたまでだ。自分自身で答えを見つけるのが哲学だからな。君に哲学者のように考えるとはどういうことかを教えたのは、自力で答えを見つける方法を示すためだ。古代ギリシャの哲学者たちはそういった哲学の初級教育を「プロトレプティコス（哲学のすすめ）」と呼んだ。君も少しは哲学に興味をもってくれたかな？

読　者 もちろんです。そうでなければ、とっくにこの塔を去っていましたよ。生まれ変わったら、哲学者になりたいなあ！

哲学者 私も前生ではそう思っていた。

読　者 でも、もし今のこの人生において哲学者になりたければ、僕はこの先どう生きればいいんでしょうか？　一人静かに、あなたが僕に出してくれた質問について深く考えつづければいいんでしょうか？

哲学者 一人で哲学をするのはあまりよくないな。哲学をするには話し相手が必要だ。話し相手は自分の考えに賛成してくれることもあれば、反対することもある。たとえ反対されたとしても、そのことを通して自分の考えをより深めることができる。

読　者 でも、いい話し相手を見つけることは難しいですよね。

哲学者　そうだな。では、話し相手が見つからないときにはここに来ればいい。

読　者　哲学の本を開けば、いつでもこの象牙の塔に来ることができるんですか？

哲学者　そうだ。大学で哲学を勉強するようにでもなればもっと頻繁に来られるぞ！

読　者　とりあえず、哲学の本を読むことからはじめますよ。で、次はどんな本を読めばいいでしょうか？

哲学者　おそらく多くの哲学者は君にこう言うだろう。「まずは大家と呼ばれる哲学者の本から読みなさい。プラトンからはじめて、カント、ヴィトゲンシュタインと順を追って読んでいきなさい」と。これは悪くない助言だが、こういった大家の本は特に内容が難しい。だから、ある一人の哲学者の思想に興味をもったら、まずはその哲学者について書かれた本を読むことからはじめるのがいい。もしかしたら、君は「一人の哲学者の思想だけを勉強するなどという偏ったことはしたくない。それよりは哲学の全体を把握したい」と思っているかもしれないが、一人の偉大な哲学者の思想の長所と短所を本当に理解することは、哲学全体を学ぶこととほとんど変わりないのだ。

読　者　わかりました。でも、ここを去る前にあと一つだけきいておきたいことがあります。哲学とは何なのか、ということはだいたいわかりました。でも、何のために哲学を学ぶ必要があるのか、哲学が何の役に立つのかを僕はまだわかっていません。哲学が科学の基礎であり、科学を支えていることは理解できました。でも、今週あなたと話した哲学の問題の大部分は科学に関係するものではなく、哲学にしかない不可解な「謎」です。しかも、あなたは、その「謎」自体が哲学の「核」であるとおっしゃった。

哲学者　君はこの一週間を象牙の塔で過ごしたことを後悔しているのかな？

読　者　いえいえ、そんなことはありませんよ。でも、もしかしたら、多少のうしろめたさは感じているかもしれません。この一週間は何だったのか、バカンスだったのか、遊びだったのかってね。とにかく、もとの世界に戻ったら、あなたとの会話から僕は何を得ることができたのか、この先もちょくちょくこの象牙の塔に来るとしたら、僕はさらに何を学ぶことができるのかを、よく考えてみますよ。

哲学者　君の言いたいことはよくわかる。たいていの人は哲学ときいただけで、「金にならない、役立たずな学問」と考えるだろうな。「樽の中のディオゲネス」[訳注1]といったイメージしかもっていないかもしれない。君が「哲学の『よさ』はいったいどこにあるのか」と考えても不思議ではない。私はな、その答えは二つあると思うのだ。「内在的な善」と「手段的な善」の違いについて今週の初めに話したのを覚えているかね？

読　者　はい。価値ある目的を達成するための手段になる「よいもの」を「手段的な善」、それ自体に価値がある「よいもの」を「内在的な善」と呼ぶのでしたか？

哲学者　そうだ。私は哲学には「手段的なよさ」と「内在的なよさ」の両方があると思っている。

読　者　そういえば、あなたは昨日、哲学は科学で用いられる基礎概念を解明することに役立つとおっしゃいましたよね。それなら、科学にとって哲学は「手段的なよさ」をもっていることになりますね。

哲学者　そうだ。それに、哲学は学問の方法論としても非常に役立っている。

読　者　哲学を学べば、どう考えるべきかを学べるからですか？

哲学者　というよりは、自分や他人の考えの正しさを確認する練習ができるからと言ったほうがいいだろう。君も、この一週間でそれを何度も練習できただろう？　また、哲学の文献を真剣に解釈しようとすることは、哲学以外の分野で役に立つ能力を伸ばすことにつながる。たとえば、文章を分析する能力、文章の本質的な内容とレトリック[訳注2]を区別する能力、論拠を組み立てる能力、条件を明確にする能力、複数の論拠の関係性を明

訳注1：紀元前四〇四年頃〜前三二三年、古代ギリシャの哲学者。アンティステネスの弟子で、ソクラテスの孫弟子に当たる。樽を住み処としていたことで有名。

訳注2：言葉を美しく巧みに用いて効果的に表現すること。また、その技術。

らかにする能力、さらには、自分の考えをまとめ、他人にわかりやすく説明する能力を得ることにつながるのだ。

読　者　昔の文献を多く読むことは歴史を知ることにもなりますよね。

哲学者　哲学の歴史を知ることは、人間の心の歴史を知ることと同じだ。まあ、歴史家は哲学者の歴史のとらえ方を批判的に見ることも多いがね……。

読　者　なぜですか？

哲学者　なぜなら、我々哲学者は昔の哲学者たちの考えを現在の哲学のテーマに反映させようとするからだ。先ほども話したように、哲学の課題の中心にある「謎」は常に変わらない。だから哲学者は、今でもアリストテレスやトマス・アクィナスが書いた古い文献をまるで同時代人が書いたもののように読んだり、参考にしたりする。

読　者　哲学者でない人は、それをおかしいとみなすわけですね。

哲学者　大事なのは過去と現在とのバランスだ。哲学者が時代の要請に応えなければならないことは確かだ。そうでなければ、哲学は時代錯誤に陥るしかないだろう。その一方で、哲学者は哲学の古典を研究する。だが、それはただ単にそれらの書物が書かれた時代について学びたいと思っているからではなくて、古典が現代にも通用するテーマを扱っているからだ。哲学の古典は、当時の哲学者が時代の要請に応えて執筆したものにすぎないが、それが現代の哲学の課題を解くヒントになっていることもまた、事実なのだ。昨日も話したように、哲学の課題は芸術や文学の課題と同じで古びることがない。

読　者　つまり、哲学は有用な学問なわけですね。

哲学者　もちろんだ。だが、有用さや有益さが哲学という学問の中心にあるのではない。

読　者　じゃあ、何が中心にあるのですか？

哲学者　哲学の中心にあるのはもちろん「内在的な善」だ。月曜日に、知性、つまり「認識」を大事にして「自己と向き合う人生」もまた「いい人生」である、と私が言ったのを覚えているかね？　だがそれは、価値ある目的を達成するための手段としてのみ何かを「認識」することではなく、自己と世界を「認識」すること、つまり、それ自体に価値がある「認識」を獲得することが「いい人生」を送るためには大事だということだ。我々人間が価値あるものを「認識」する手伝いをするのが哲学であり、それが哲学の「内在的なよさ」なのだ。

読　者　哲学の「内在的なよさ」は科学の「内在的なよさ」と同じように、僕たちの知的欲求を満足させることなのでしょうか？

哲学者　そうだ。だがそれは、単に知的好奇心を満足させることではなく、本当の教養を与えることだ。人間は知識を増やし、ものごとの理解を深めることで、別人になることができる。だからこそ、哲学が果たす役割は大きい。哲学が我々に与える課題は、科学とは違い、我々の知識と理解力を直接試すものばかりだからだ。人間は生きている以上、多かれ少なかれ哲学の課題に取り組まなくてはならない。哲学なしの人生なんてありえない。

読　者　なぜ、そんなことが言えるのですか？

哲学者　多かれ少なかれ、自分自身のことや世界のことを知りたいと思うのが人間ではないだろうか。一人でどう生きていくか？　他人とどう生きていくか？　何を知ることができるのか？　世界には何が存在するのか？　そういった問いの答え（その場しのぎのものであったとしても）を探していない人間は一人もいないだろう。その答えが我々の人間性を形づくっていると言ってもいい。つまり、哲学をするとは自分自身の人間性をつくりあげていくことなのだ。

読　者　僕たちは哲学のレベルではなく、日常のレベルで哲学的な問題に取り組んでいます。でもそれだけでは哲学を学んでいることにはなりませんよね。

哲学者　もちろん、ならない。だが私は、哲学が誰にとっても同じくらい大事なものであるとも思っていないのだ。月曜日にも言ったとおり、人生をよくするものはいろいろある。哲学的認識は**その一つでしかない**。哲学なくして、人生が最善のものになることはないが、だからといって哲学がすべての人の人生の中心にある必要もない。

読　者　じゃあ、どういう人が哲学を人生の中心に置くべきなのですか？

哲学者　哲学の「謎」に強い関心を示す人だ。こういう人は「そうではないが、そうに違いない」というヴィトゲンシュタインの言葉に魔法のような引力を感じるだろう。もしかしたら、何かにとり憑かれたように、この言葉を解明しはじめるかもしれない。「謎」は人間を悩ませ、苦しめることがある。だから、ヴィトゲンシュタインは、哲学をすることは悩みを解決する心理療法に似ていると言ったのだ。哲学の「謎」に引きつけられ、「もっと知りたい」、「人生をより大きな視点からとらえたい」と願う人は多い。だが、こういった願いをどれだけ強くもつかは、人それぞれ違うのだ。

読　者　ということは、逆に哲学がなくても幸せに生きていける人も大勢いるということですか？

哲学者　プラトンは、哲学的に深く考えることのない人間は価値ある人生を生きることはできない、と考えた。つまり哲学のレベルになくても哲学的に深く考えることは大事である、ということだ。アリストテレスは「どんな人間も哲学をしなくてはならない。そうでないと『内在的な善』と『手段的な善』を区別して生きることができないからだ」と言った。二人の考えは正しいと思う。人間は日々あくせく走り回り、**好きなだけ**

深く考えるなんて贅沢なことは言っていられないかもしれないが、それでも、最低限、哲学的に考えられなくては、将来の方向性を見失ってしまうだろう。アリストテレスは「哲学者が考えだす理論上の人生は、神の人生とほとんど変わりない最高の人生」だとも言った。

読　者　それは哲学者に対する最高のほめ言葉ですね。

哲学者　そうかもしれんが、それは少し言いすぎだろう。すべての人間にとって哲学者が考える人生が最高の人生というわけではないからな。哲学がそれぞれの人生で果たす役割は決して同じではない。だが、哲学者が、哲学の課題、特にその答えをどんどん世に送り出すなら、いつの日か、哲学がどんな人の人生でも重要な役割を果たすようになるかもしれない。

読　者　つまり、哲学者は本を多く書いて哲学をもっと世に広めるべきだ、ということですか？　でも、哲学者が書く本は哲学者からしか読まれないことが多いですよね。

哲学者　確かにそうだ。だが本を書くことは哲学を広める唯一の手段だ。哲学者は本や論文を書く。そうした本を読むのはまずは哲学者だが、その内容について議論されればされるほど、大学の哲学の授業で取りあげられることが増えて、哲学者になろうとは思っていない学生たちも、その本を読むことになるだろう。そんなことを繰り返せば哲学の知識が社会に広まっていくとは言えないだろうか。倫理の先生、ジャーナリスト、作家といった哲学書を直接読む人々を通して哲学が世に広まっていくのだ。これはもちろん、どんな人にとっても「いいこと」だ。

読　者　そのためには、哲学者も象牙の塔を出てもっと外の世界を見る必要がありますよ！

哲学者　それより、もっと多くの人がこの象牙の塔に来るようになればいいのだ！

最後のメモ

エリック・アムメレラー氏、アネッテ・C・アントン女史、エラスムス・マイヤー氏、クリスチアン・ザイデル氏、そしてカリンにこの場をお借りして心からの感謝の気持ちを伝えたいと思います。彼らの助けがなければ、本書がこんなすばらしいものになることはなかったでしょう。

訳者あとがき

本書は、ドイツ語書籍 *Denken wie ein Philosoph: Eine Anleitung in sieben Tagen*（直訳すると「哲学者のように考えるとは――七日間の哲学講座」）の邦訳である。原書は二〇一二年九月にドイツで出版され、難解と思われがちな哲学を平易な言葉で解説した哲学入門書として話題になった。著者であるゲルハルト・エルンストは、ドイツ分析哲学会の栄誉ある賞、ヴォルフガング・シュテークミュラー賞を二〇〇三年に受賞した四〇代前半の有望な哲学者。哲学の意味を広い読者層に向けて説いたこの良書を今回訳す機会に恵まれたことを大変光栄に感じている。ここに、訳者としての考えをまとめたいと思う。

「Das ist kein Argument!（そんなのは根拠にならない！）」

ドイツに住んで一二年。ドイツ人からこう言われ、反論できないことが何度もあった。そのたびに、「根拠にもとづいた知識を得ること」、つまり「知る」ということが、ドイツ人にとってどれほど大事なものであるかを思い知らされ、同時に、私自身の「知ろうとする」意欲が彼らほど多くないことを自覚せざるをえなかった。こう強く感じるのは日本人としての私に「哲学をする」習慣が身についていないからだ。そう気づいたのは、本書を訳し終えてからである。

「なぜ日本には自殺者が多いの？」

「周囲との調和を大事にするのが日本の文化だから、会社や学校といった公の場で、自分を押し殺し過ぎて鬱に陥ってしまう人が多いんだと思う」

「そんなのは自殺が多いことの根拠にならないよ！　文化だから仕方ないというのは、生きるのをあきらめているようにも聞こえるよ」

「……」（そんなこと私に言われても……）

これは一〇年以上も前にあるドイツ人学生と交わした会話だが、今なら、なぜ彼が私に「生きるのをあきらめている」と言ったかが理解できる。この国では、「知ろうとしない」ことは人間として「生きていない」ことを意味するからだ。こういったドイツ人の考え方の中に、二〇〇〇年以上も続く西洋哲学の知の伝統を見ることができるように思う。

アリストテレスは「どんな人間も哲学をしなくてはならない。そうでないと『内在的な善（それ自体に価値があるいいもの）』と『手段的な善（価値ある目的を達成するための手段になるいいもの）』を区別して生きることができないからだ」と言ったそうだ（三〇五ページ）。これは言い換えると、人間はどんなに多くの「いいもの」を得たとしても、その中の本当に価値あるものとは何かを知らなくては、「いい人生」を送ることはできない、ということだろう。

本書によると、人間が「何か」を求めるのは、その「何か」を「いいもの」とみなしているからだ、という（三八ページ）。それなら、程度の差こそあれ、人間が何かを「知ろうとする」、つまり、「知識」を求めるのは、「知識」というものを「いいもの」とみなしているからだろう。「いいもの」には「内在的なよさ」があある。だからこそ、私達は自分が得た「知識」の「内在的なよさ」と「手段的なよさ」を区別し、本当に価値あるものとは何かを知らなくてはならないのだ。このことに多くの人が気づいていないために、現代の日本は深刻な問題を抱えているように思う。

近代以降、日本人は西洋から科学的「知識」を吸収し、それを経済の発展に活用することばかりを考えてきたのではないだろうか。これは「知識」の「内在的なよさ」を無視し、「手段的なよさ」のみを利用することにほかならないだろう。もちろん、「知識」を「手段」として利用することは悪いことではない。悪いのは、それを（カントの言葉を用いるなら）「手段としてのみ利用する」ことなのだ。科学と経済の発展は「目的」ではなく、「手段」である。生きる「目的」をはき違えてはならない。本書も指摘するこの間違いに今どれほど多くの日本人が気づいているだろうか？

終わらない福島の原発事故処理、格差拡大、憲法改正問題、政治家の汚職、ブラック企業の蔓延……。目下、日本が抱える問題は生きる「手段」を「目的」と勘違いした結果生じたものであるように見える。

東日本大震災の後、脱原発を決めたドイツが原発の再稼働を進める日本を冷めた目で見る理由も実はここにある。日本が景気回復を生きる「目的」と勘違いしているように、ドイツ人の目には映るからだ。「知識」を「手段としてのみ利用する」ことに対する嫌悪感をドイツ人は日本人よりも何倍も強くもっている。これはドイツという国に「哲学」が根づいている証拠だろう。

とはいえ、ドイツも二〇一五年にメルケル首相が難民の無制限受け入れを表明して以来、難民申請者や難民による暴行事件やテロが増加し、人道的支援（内在的なよさ）とテロ対策（手段的なよさ）のはざまで政治が揺れている。

私達は今、「知識」というものの本質を見直さなければならない時期に来ているのではないだろうか。人類の「知識」を本当に価値あるものとして利用するために、二一世紀に生きる人間が最も学ばなくてはならないことは「哲学をする」ことだろう。本書は生きる「目的」を見失った現代人に新たな「認識」を与えてくれるに違いない。

この場をおかりして、フリー編集者の望月索様、早川書房の三村純様、リベルの山本知子様、そして、私を励まし、支えてくれる家族と友人に心から感謝の気持ちを伝えたいと思います。

岡本朋子

二〇一七年二月

解 説

二〇世紀的思考法からの脱却

玉川大学教授
岡本裕一朗

「哲学をいかに学ぶか?」――これは「哲学とは何か?」と同じほど、古くて新しい問題である。じっさい、哲学に少しでも興味をもつ人なら、何度もこうした問いを発したことがあるだろう。ところが、残念なことに、これに対する一律の決定的な答えなど、存在しない。問う人の関心や知識のもち方によって、とうぜん答えも違ってくるのだ。

たとえば、ニーチェの哲学を学びたい人は、ニーチェに関する入門書を一、二冊読んでから、ニーチェの著作を直ちに手にするのがいい。それとともに、定評のある研究書や解説書を併読すれば、ニーチェ理解もかなり深まるはずだ。しかし、このやり方は、ニーチェ哲学を学ぶ方法ではあっても、「哲学」全般を学ぶことにはならない。両者はまったく無関係ではないが、一応は切り離して考えた方がいい。とすれば、数千年続いてきた「哲学」を理解するには、プラトン、アリストテレスから始まって、古今東西の哲学者の著作をつぎつぎと読破する必要があるのだろうか。

確かに、このやり方は最終的には正しいかもしれないけれど、初心者にはあまりおススメできない。というのも、偉大な哲学者の書物は、それぞれ完結した作品であって、独自の世界をもっているからだ。そのため、少し読んだだけでは、何をテーマとし、どんな問題に取り組んでいるのかさえ、なかなか理解できないのである。下手をすると、ほんの数ページ読んだだけで手におえなくなってしまう。こうして、「哲学は難しい」ということになり、結局は哲学を学ぶ機会を逃す羽目になる。それでは、どうすれば哲学を学び始めることができるのだろうか。

1. 哲学者のように考えること

哲学に入門する一つの方法は、哲学者が考えた問題に、読者を直接投げ込むことである。泳ぎを教えるとき、あれこれ理屈を述べる前に、直ちに水の中に放り込み、そこから実際に泳ぎ方を体得させるのと似ている。読者に哲学説の知識を提供するというよりも、むしろ哲学者が何を考え、どのように議論していくのか、身をもって経験させるわけである。こうした方法で、読者を哲学へと導こうとするのが、まさしく本書に他ならない。それは、原著のタイトル（『哲学者のように考える』）が端的に表わしているだろう。その点で言えば、本書は安易な入門書のように、読者に思考することを軽減させるものではない。読んでいただければ分かるように、けっこう突っ込んだ議論も展開されている。しかも、知識として議論が提供されるのではなく、読者自身がみずから考えを進めていくように意図されている。読者はそのつど提示される問題を考えながら、いつの間にか自分では気づかなかった地点まで案内される。したがって、本書を読むときは、知識を授けてもらうような受動的な態度は禁物だ。むしろ、質問したり、反論したり、議論したりするように、自分自身であれこれアクティブに学ぶことが必要である。

本書の著者であるゲルハルト・エルンストは、いわゆる「分析哲学」を専門領域とする新進気鋭のドイツの哲学者である。二〇世紀末に経済のグローバリゼーションが進展したが、それに対応するように、哲学ではアングロサクソン系の分析哲学が世界の共通哲学のようになった。この傾向は、ドイツでも例外ではなく、とくに若い世代を中心に積極的に分析哲学の受容が行なわれている。本書を見ると、ドイツの中で、分析哲学がすでに定着しているのが分かるだろう。

従来、ドイツの哲学といえば、きっちりとした哲学史的な研究が多く、思考実験や具体的な事例を用いた議論はあまり得意ではなかった。それに対して、本書は分析哲学系の仕事を十分に吸収しつつ、なおもドイツ的な堅実な議論を展開している。その点では、二つの良質の伝統を受け継いでいる、と言ってもいい。じっさい、有名な思考実験や事例などが数多く盛り込まれているので、いわば名曲のフレーズを耳にしたときのように、読者を楽しませてくれるだろう。その一方で、哲学史的な知識も提示されることで、具体的問題が哲学史のうちにうまく位置付けられていく。分析哲学の具体的な議論とドイツが得意とする哲学史の知識、この二つが絶妙なバランスをとっている。

2. 読者の視点からの哲学入門

著者によれば、本書は「哲学のほとんどの分野（倫理学、道徳哲学、認識論、形而上学、心の哲学、言語哲学、メタ哲学）の要点を説明」している。そのため、全体を読み通せば、読者はおそらく哲学がどんなものか、およそイメージがつくだろう。ところが、哲学にかぎって言えば、最後まで読み通すのが難しいのである。そこで、著者のエルンストは、さまざまな工夫を施している。

その一つが、哲学者と読者の対話という形式によって本書を構成したことである。対話で議論が展開されるのは、大きな利点をもっている。対話の場合、論文調で進めるよりも、具体的な話題が中心となり、一見したところ分かりやすく感じられる。そのため、あまり身構えないで、問題を考えることができる。つまり、対話形式は入門には適しているのだ。しかし、表面上カンタンそうに見えるからといって、内容的なレベルは低いわけではないので、決して侮ってはいけない。プラトンの対話篇を読むように、読者は哲学者からさまざまな質問を受けたり、反論されたり、ヒントをもらったりしながら、ハイレベルな思考を身につけるのだ。

もう一つは、中心となる対話とは別に、内容のまとめとしてメモが随所に盛り込まれていることである。対話だけだと、議論の要点をなかなか整理できないかもしれないので、このメモがあると復習するさいとても便利である。初学者にとって一番いい使い方は、対話を読んでからメモで頭を整理し、それからもう一度対話を読むことだろう。ある程度知識のある人であれば、メモから先に読んで、対話を見ることも可能かもしれない。あるいは、禁じ手であるが、急いでいるときには、メモだけ読めば、だいたいの内容をつかむこともできると思う。どんな使い方をするかは読者次第であるが、このメモは間違いなく読者に有益である。

さらに一つ付け加えると、内容を展開するとき、著者が通常の入門書とは異なる順序（あるいはまったく逆）の構成をとっていることだ。本書では、まず「人生の意味」が問い直され、そこから実践哲学に移り、次に理論哲学を取り上げた後で、終わりに「哲学とは何か」が検討される。この順序が採用されたのは、おそらく読者の立場を考慮したからであろう。初学者にとっては、「哲学とは何か、他の学問とどう違うか、等々」を最初から問題にしても、あまり実感がわかないだろう。それよりも、人生の意味を問うたり、いかに生きるべきかを問題にする方がずっと切実なはずだ。また、認識論や形而上学よりも、倫理学や道徳哲学の方が身近であろう。

3. 将来の哲学者のように考える!?

ここで、著者の特徴を示すような議論を簡単に確認しておきたい。それは、水曜日「道徳にはどれほどの客観性があるのか？」である。エルンストが二〇〇八年に*Die Objektivität der Moral*（『道徳の客観性』）という著作を出版していることからも推察できるように、彼はこの問題に対して重要な提言を行なっている。

周知のように、二〇世紀の後半は文化相対主義やポストモダニズムの流行もあって、世界的には「道徳の主観性」の方が優勢であった。――「何が善く、何が悪いのか」は、文化や社会、歴史的な違いによって異なっている。あるいは、善悪の判断は各人それぞれ違い、主観的な解釈に基づいている。――集団的か個人的かの区別はあっても、道徳が主観的であるのは間違いない、というわけである。こうした考えは、別名「構成主義」と呼ばれることもある。道徳は主観によって構成されたものであり、客観的に実在するものではない。極端な場合には、科学的な知識でさえ、主観による構成物として客観性が否定されることもあった。
こうした前世紀の趨勢に対して、著者は新たな方向性を提唱しようとしている。エルンストは、一方で自然科学や数学と道徳との相違を認めつつも、「客観性」という点で両者の共通性を次のように指摘している。

自然科学と道徳の中心課題は「客観的に正しい根拠を求めること」です。理性的な人間は、観察した事実を科学的予測や道徳的行為の根拠とみなし、さらなる観察を通して考えを修正しながら体系的な理論をまとめあげていきます。現実の出来事の中で個人が下す判断と理論を調整する「反照的均衡」は、自然科学にも道徳にも見られます。自然科学と道徳がこんなにも似ているなら、道徳には自然科学と同等の客観性がある、と言えるかもしれません。

このような哲学観は、二〇世紀の哲学とは異なる地平を拓くのではないだろうか。じっさい最近では、若い世代の哲学者たちが、二〇世紀的思考法からの脱却を試みている。

そう考えると、本書は過去の哲学者のように考えるだけでなく、新たな道を開拓する将来の哲学者のように考えることを示しているのかもしれない。

参考文献

Die Vorsokratiker, hrsg., übersetzt und erläutert von Jaap Mansfeld und Oliver Primavesi, Stuttgart: Reclam, 2011.

Platon: *Apologie, Euthyphron, Gorgias, Phaidon, Protagoras, Symposion, Politeia, Theaitetos*, in: *Werke in acht Bänden. Griechisch und Deutsch*, hrsg. von Günter Eigler, deutsche Übersetzung von Friedrich Schleiermacher, Darmstadt: Wissenschaftliche Buchgesellschaft, 2011.
(『ソクラテスの弁明・クリトン』、プラトン著、久保勉訳、岩波文庫、1950年
『プラトン全集1　エウテュプロン』、プラトン著、今林万里子訳、岩波書店、1980年
『ゴルギアス』、プラトン著、加来彰俊訳、岩波文庫、1967年
『パイドン――魂の不死について』、プラトン著、岩田靖夫訳、岩波文庫、1998年
『プロタゴラス――ソフィストたち』、プラトン著、藤沢令夫訳、岩波文庫、1988年
『饗宴』、プラトン著、久保勉訳、岩波文庫、1952年
『国家（上）（下）』、プラトン著、藤沢令夫訳、岩波文庫、1979年
『テアイテトス』、プラトン著、田中美知太郎訳、岩波文庫、1966年)

Aristoteles: *Protreptikos. Hinführung zur Philosophie*, rekonstruiert, übersetzt und kommentiert von Gerhart Schneeweiß, Darmstadt: Wissenschaftliche Buchgesellschaft, 2005.（『哲学のすすめ』、アリストテレス著、廣川洋一訳、講談社学術文庫、2011年）

Aristoteles: *Nikomachische Ethik,* hrsg. und übersetzt von Ursula Wolf, Reinbek bei Hamburg: Rowohlt, 2006.（『ニコマコス倫理学（上）（下）』、アリストテレス著、高田三郎訳、岩波文庫、1971年）

Aristoteles: *Politik*, hrsg. von Ursula Wolf, übersetzt von Franz Susemihl, Reinbek bei Hamburg: Rowohlt, 1994.（『政治学』、アリストテレス著、山本光雄訳、岩波文庫、1961年）

Aristoteles: *Metaphysik,* hrsg. von Ursula Wolf, übersetzt von Hermann Bonitz, Reinbek bei Hamburg: Rowohlt, 1994.（『形而上学（上）（下）』、アリストテレス著、出隆訳、岩波文庫、1959-61 年）
Epikur: *Ausgewählte Schriften,* hrsg. und übersetzt von Christof Rapp, Stuttgart: Kröner, 2010.（『エピクロス―教説と手紙―』、エピクロス著、出隆、岩崎允胤訳、岩波文庫、1959 年）
Sextus Empiricus: *Grundzüge der pyrrhonischen Skepsis,* übersetzt von Malte Hossenfelder, Frankfurt am Main: Suhrkamp, 1985.（『ピュロン主義哲学の概要』、セクストス・エンペイリコス著、金山弥平、金山万里子訳、京都大学学術出版会、1998 年）
Anselm von Canterbury: *Proslogion/Anrede,* hrsg. und übersetzt von Robert Theis, Stuttgart: Reclam, 2005.（『プロスロギオン』、聖アンセルムス著、長沢信寿訳、岩波文庫、1942 年）
Thomas von Aquin: *Summe der Theologie*, 3 Bände, hrsg. und übersetzt von Joseph Bernhart, Stuttgart: Kröner, 1985.（『神学大全』、トマス・アクィナス著、高田三郎ほか訳、創文社、1960-2012 年）
Descartes, René: *Meditationen über die erste Philosophie* [1641], hrsg. und übersetzt von Christian Wohlers, Hamburg: Meiner, 2008.（『省察』、ルネ・デカルト著、山田弘明訳、ちくま学芸文庫、2006 年）
Hobbes, Thomas: *Leviathan oder: Die Materie, Form und Macht eines kirchlichen und staatlichen Gemeinwesens* [1651], hrsg. von Hermann Klenner, übersetzt von Jutta Schlösser, Hamburg: Meiner, 2005.（『リヴァイアサン〈1〉〈2〉〈3〉〈4〉』、トーマス・ホッブズ著、水田洋訳、岩波文庫、1992 年）
Spinoza, Baruch de: *Ethik-nach der geometrischen Methode dargestellt* [1677], übersetzt von Jakob Stern, Stuttgart: Reclam, 1986.（『エチカ――倫理学（上）（下）』、スピノザ著、畠中尚志訳、岩波文庫、1951 年）
Locke, John: *Versuch über den menschlichen Verstand* [1689], 2 Bände, übersetzt von Carl Winckler, Hamburg: Meiner, 1988/2000.（『人間悟性論（上巻）（下巻）』、ジョン・ロック著、加藤卯一郎訳、岩波文庫、1940 年）
Locke, John: *Zwei Abhandlungen über die Regierung* [1690], hrsg. von Walter Euchner, übersetzt von Hans Jörn Hoffmann, Frankfurt am

Main: Suhrkamp, 1977.（『完訳　統治二論』、ジョン・ロック著、加藤節訳、岩波文庫、2010 年）

Berkeley, George: *Eine Abhandlung über die Prinzipien der menschlichen Erkenntnis* [1710], hrsg. und übersetzt von Arend Kulenkampff, Hamburg: Meiner, 2004.（『人知原理論』、ジョージ・バークリ著、大槻春彦訳、岩波文庫、1958 年）

Leibniz, Gottfried Wilhelm: *Monadologie* [1714], hrsg. und übersetzt von Hartmut Hecht, Stuttgart: Reclam, 1998.（『モナドロジー・形而上学叙説』、ゴットフリート・ヴィルヘルム・ライプニッツ著、清水富雄、竹田篤司、飯塚勝久訳、中央公論新社、2005 年）

Hume, David: *Traktat über die menschliche Natur* [1739/40], 2 Bände, hrsg. von Reinhard Brandt, übersetzt von Theodor Lipps, Hamburg: Meiner, 1989/1978.（『人性論〈1〉〈2〉〈3〉〈4〉』、デイヴィド・ヒューム著、大槻春彦訳、岩波文庫、1948 年）

Rousseau, Jean-Jacques: *Du contract social/Vom Gesellschaftsvertrag* [1762], hrsg. und übersetzt von Hans Brockhard, Stuttgart: Reclam, 2010.（『社会契約論』、ジャン＝ジャック・ルソー著、桑原武夫、前川貞次郎訳、岩波文庫、1954 年）

Kant, Immanuel: *Kritik der reinen Vernunft* [1781/1787], hrsg. von Jens Timmermann und Heiner F. Klemme, Hamburg: Meiner, 1998.（『純粋理性批判（上）（中）（下）』、イマヌエル・カント著、篠田英雄訳、岩波文庫、1961 年）

Kant, Immanuel: *Grundlegung zur Metaphysik der Sitten* [1785], hrsg., eingeleitet und erläutert von Jens Timmermann, Göttingen: Vandenhoeck & Ruprecht, 2004.（『道徳形而上学原論』、イマヌエル・カント著、篠田英雄訳、岩波文庫、1960 年）

Bentham, Jeremy: *Introduction to the Principles of Morals and Legislation* [1789], hrsg. von J. H. Burns; H. L. A. Hart, Oxford: Oxford University Press, 1998 (deutsch auszugsweise in: Otfried Höffe: *Einführung in die utilitaristische Ethik*, Stuttgart: UTB, 2008).（『「功利主義の原理について」ほか『立法と道徳の原理序説』より』、ジェレミー・ベンサム著、江藤貴紀訳、AICJ 出版、2012 年）

Hegel, Georg Wilhelm Friedrich: *Enzyklopädie der philosophischen Wissenschaften im Grundrisse* [1830], 3 Bände, Frankfurt am Main:

Suhrkamp, 1986.（『エンチュクロペディー――哲学諸学綱要』、ゲオルク・ヴィルヘルム・フリードリヒ・ヘーゲル著、樫山欽四郎、塩屋竹男、川原栄峰訳、河出書房新社、1987年）

Mill, John Stuart: *Über die Freiheit* [1859], hrsg. von Bernd Gräfrath, übersetzt von Bruno Lemke, Stuttgart: Reclam, 1986.（『自由論』、ジョン・スチュアート・ミル著、塩尻公明、木村健康訳、岩波文庫、1971年）

Mill, John Stuart: *Utilitarianism/Der Utilitarismus* [1861], hrsg. und übersetzt von Dieter Birnbacher, Stuttgart: Reclam, 2006.（『功利主義論集（近代社会思想コレクション05)』、ジョン・スチュアート・ミル著、川名雄一郎、山本圭一郎訳、京都大学学術出版会、2010年）

Mill, John Stuart: *Die Hörigkeit der Frau* [1869], hrsg. von Ulrike Helmer, Sulzbach: Helmer Verlag, 1997.（『女性の解放』、ジョン・スチュアート・ミル著、大内兵衛、大内節子訳、岩波文庫、1957年）

Sidgwick, Henry: *The Methods of Ethics* [1874], Cambridge: Cambridge University Press, 2011 (deutsch auszugsweise in: Otfried Höffe: *Einführung in die utilitaristische Ethik*, Stuttgart: UTB, 2008).

Nietzsche, Friedrich: *Zur Genealogie der Moral. Eine Streitschrift* [1887], Stuttgart: Reclam, 1988.（『道徳の系譜』、フリードリヒ・ヴィルヘルム・ニーチェ著、木場深定訳、岩波文庫、1940年）

Frege, Gottlob: »Über Sinn und Bedeutung« [1892], in: *Funktion-Begriff-Bedeutung*, hrsg. von Mark Textor, Göttingen: Vandenhoeck & Ruprecht, 2007.（『フレーゲ著作集4――哲学論集』、ゴットロープ・フレーゲ著、黒田亘、野本和幸編、勁草書房、1999年に収められた論文「意義と意味について」）

Moore, George E.: *Principia Ethica* [1903], hrsg. und übersetzt von Burkhard Wisser, Stuttgart: Reclam, 1996.（『倫理学原理』、ジョージ・エドワード・ムーア著、深谷昭三訳、三和書房、1977年）

Russell, Bertrand: *Probleme der Philosophie* [1912], übersetzt von Eberhard Bubser, Frankfurt am Main: Suhrkamp, 1967.（『哲学入門』、バートランド・アーサー・ウィリアム・ラッセル著、高村夏輝訳、ちくま学芸文庫、2005年）

Heidegger, Martin: *Sein und Zeit* [1927], Tübingen: Niemeyer, 2006.（『存

在と時間（上）（下）』、マルティン・ハイデッガー著、細谷貞雄訳、ちくま学芸文庫、1994年）

Carnap, Rudolf: *Der logische Aufbau der Welt* [1928], Hamburg: Meiner, 1998.

Ross, David: *The Right and the Good* [1930], hrsg. von Philip Stratton-Lake, Oxford: Oxford University Press, 2002.

Ayer, Alfred J.: *Sprache, Wahrheit und Logik* [1936], hrsg. von Herbert Herring, Stuttgart: Reclam, 1996.（『言語・真理・論理』、サー・アルフレッド・ジュールズ・エイヤー著、吉田夏彦訳、岩波書店、1955年）

Camus, Albert: *Der Mythos des Sisyphos* [1942], übersetzt von Vincent von Wroblewsky, Reinbek bei Hamburg: Rowohlt, 2010.（『シーシュポスの神話』、アルベール・カミュ著、清水徹訳、新潮文庫、1969年）

Ryle, Gilbert: *Der Begriff des Geistes* [1949], übersetzt von Kurt Baier, Stuttgart: Reclam, 1986.（『心の概念』、ギルバート・ライル著、坂本百大、井上治子、服部裕幸訳、みすず書房、1987年）

Quine, Willard Van Orman: »Zwei Dogmen des Empirismus« [1951], in: ders.: *Von einem logischen Standpunkt aus. Drei ausgewählte Aufsätze*, hrsg. von Roland Bluhm und Christian Nimtz, übersetzt von Roland Bluhm, Stuttgart: Reclam, 2011.（『論理的観点から——論理と哲学をめぐる九章』、ウィラード・ヴァン・オーマン・クワイン著、飯田隆訳、勁草書房、1992年に収められた論文「経験主義のふたつのドグマ」）

Hare, Richard M.: *Die Sprache der Moral* [1952], übersetzt von Petra von Morstein, Frankfurt am Main: Suhrkamp, 1983.（『道徳の言語』、リチャード・マーヴィン・ヘア著、小泉仰、大久保正健訳、勁草書房、1982年）

Wittgenstein, Ludwig: *Philosophische Untersuchungen* [1953], Frankfurt am Main: Suhrkamp, 1984.（『哲学探究』、ルートヴィヒ・ヴィトゲンシュタイン著、丘沢静也訳、岩波書店、2013年）

Goodman, Nelson: *Tatsache, Fiktion, Voraussage* [1955], übersetzt von Hermann Vetter, Frankfurt am Main: Suhrkamp, 1988.（『事実・虚構・予言』、ネルソン・グッドマン著、雨宮民雄訳、勁草書房、1987

年）

Strawson, Peter F.; Grice, Paul: »In Defense of a Dogma« [1956], in: Grice, Paul: *Studies in the Way of Words*, Cambridge (Mass.): Harvard University Press, 1989.

Strawson, Peter F.: *Einzelding und logisches Subjekt* [1959], übersetzt von Freimut Scholz, Stuttgart: Reclam, 1986.（『個体と主語』、ピーター・フレデリク・ストローソン著、中村秀吉訳、みすず書房、1979年）

Quine, Willard Van Orman: *Wort und Gegenstand* [1960], übersetzt von Joachim Schulte, Stuttgart: Reclam, 1986.（『ことばと対象』、ウィラード・ヴァン・オーマン・クワイン著、大出晁、宮館恵訳、勁草書房、1984年）

Austin, John L.: *Sinn und Sinneserfahrung* [1962], übersetzt von Eva Cassirer, Stuttgart: Reclam, 2001.（『知覚の言語――センスとセンシビリア』、ジョン・ラングショー・オースティン著、丹治信春、守屋唱進訳、勁草書房、1984年）

Austin, John L.: *Zur Theorie der Sprechakte* [1962], übersetzt von Eike von Savigny, Stuttgart: Reclam, 1986.（『言語と行為』、ジョン・ラングショー・オースティン著、坂本百大訳、大修館書店、1978年）

Gettier, Edmund L.: »Ist gerechtfertigte, wahre Meinung Wissen?« [1963], in: Bieri, Peter (Hrsg.): *Analytische Philosophie der Erkenntnis,* Frankfurt am Main: Beltz Athenäum, 1997.（原題：Is Justified True Belief Knowledge?）

Berlin, Isaiah: *Freiheit: Vier Versuche* [1969], übersetzt von Reinhard Kaiser, Frankfurt am Main: Fischer, 2006.（『自由論』、アイザィア・バーリン著、小川晃一、福田歓一、小池銈、生松敬三訳、みすず書房、2000年）

Wittgenstein, Ludwig: *Über Gewissheit* [1969], Frankfurt am Main: Suhrkamp, 1984.（『ウィトゲンシュタイン全集9　確実性の問題・断片』、ルートヴィヒ・ウィトゲンシュタイン著、黒田亘、菅豊彦訳、大修館書店、1975年）

John Rawls: *Eine Theorie der Gerechtigkeit* [1972], übersetzt von Hermann Vetter, Frankfurt am Main: Suhrkamp, 1979.（『正義論』、ジョン・ロールズ著、川本隆史、福間聡、神島裕子訳、紀伊國屋

書店、2010 年）

Nozick, Robert: *Anarchie, Staat, Utopia* [1974], übersetzt von Hermann Vetter, München: Olzog, 2011.（『アナーキー・国家・ユートピア——国家の正当性とその限界』ロバート・ノージック著、嶋津格訳、木鐸社、1995 年）

Thomson, Judith J.: »Killing, Letting Die, and the Trolley Problem«, in: *The Monist* 59 [1976], S. 204-217.

Chalmers, Alan F.: *Wege der Wissenschaft* [1976], hrsg. und übersetzt von Niels Bergemann und Christine Altstötter-Gleich, Berlin: Springer, 2006.（『改訂新版　科学論の展開—科学と呼ばれているのは何なのか？—』、アラン・F・チャルマーズ著、高田紀代志、佐野正博訳、恒星社厚生閣、2013 年）

Harman, Gilbert: *Das Wesen der Moral. Eine Einführung in die Ethik* [1977], übersetzt von Ursula Wolf, Frankfurt am Main: Suhrkamp, 1981.（『哲学的倫理学叙説——道徳の“本性”の“自然”主義的解明』、ギルバート・ハーマン著、大庭健、宇佐美公生訳、産業図書、1988 年）

Mackie, John L.: *Ethik. Die Erfindung des moralisch Richtigen und Falschen* [1977], übersetzt von Rudolf Ginters, Stuttgart: Reclam, 1986.（『倫理学——道徳を創造する』、ジョン・L・マッキー著、加藤尚武監訳、哲書房、1990 年）

Goodman, Nelson: *Weisen der Welterzeugung* [1978], übersetzt von Max Looser, Frankfurt am Main: Suhrkamp, 1990.（『世界制作の方法』、ネルソン・グッドマン著、菅野盾樹訳、ちくま学芸文庫、2008 年）

Foot, Philippa: *Virtues and Vices and Other Essays in Moral Philosophy* [1978], Oxford: Oxford University Press, 2002.

Nagel, Thomas: *Letzte Fragen* [1979], hrsg. von Michael Gebauer, übersetzt von Karl-Ernst Prankel u.a., Hamburg: Europäische Verlagsanstalt, 2008.（『コウモリであるとはどのようなことか』、トマス・ネーゲル著、永井均訳、勁草書房、1989 年）

Singer, Peter: *Praktische Ethik* [1979], übersetzt von Oscar Bischoff u.a., Stuttgart: Reclam, 1994.（『実践の倫理』、ピーター・シンガー著、山内友三郎、塚崎智監訳、昭和堂、1991 年）

Putnam, Hilary: *Vernunft, Wahrheit und Geschichte* [1981], übersetzt von

Joachim Schulte, Frankfurt am Main: Suhrkamp, 1990.（『理性・真理・歴史——内在的実在論の展開』、ヒラリー・ホワイトホール・パトナム著、野本和幸、三上勝生、中川大、金子洋之訳、法政大学出版局、1994 年）

Habermas, Jürgen: *Theorie des kommunikativen Handelns* [1981], 2 Bände, Frankfurt am Main: Suhrkamp, 1995.（『コミュニケイション的行為の理論（上）（中）（下）』、ユルゲン・ハーバーマス著、河上倫逸ほか訳、未來社、1985-87 年）

Williams, Bernard: *Moral Luck. Philosophical Papers 1973-1980* [1981], Cambridge: Cambridge University Press, 1999.

Tugendhat, Ernst; Wolf, Ursula: *Logisch-semantische Propädeutik* [1983], Stuttgart: Reclam, 1986.（『論理哲学入門』、エルンスト・トゥーゲントハット、ウルズラ・ヴォルフ著、鈴木崇夫、石川求訳 、哲書房、1993 年）

Davidson, Donald: *Wahrheit und Interpretation* [1984], übersetzt von Joachim Schulte, Frankfurt am Main: Suhrkamp, 1990.（『真理と解釈』、ドナルド・ハーバート・デイヴィドソン著、野本和幸、植木哲也、金子洋之、高橋要訳、勁草書房、1991 年）

Gauthier, David: *Morals by Agreement* [1986], Oxford: Oxford University Press, 1999.（『合意による道徳』、デイヴィド・ゴティエ著、小林公訳、木鐸社、1999 年）

Nagel, Thomas: *Der Blick von nirgendwo* [1986], übersetzt von Michael Gebauer, Berlin: Suhrkamp, 2012.（『どこでもないところからの眺め』、トマス・ネーゲル著、中村昇、鈴木保早、山田雅大、岡山敬二、齋藤宜之、新海太郎訳、春秋社、2009 年）

Sainsbury, Mark: *Paradoxien* [1987], übersetzt von Volker Ellerbeck und Vincent C. Müller, Stuttgart: Reclam, 2010.（『パラドックスの哲学』、リチャード・マーク・セインズブリー著、一ノ瀬正樹訳、勁草書房、1993 年）

Frankfurt, Harry G.: *The Importance of What We Care About. Philosophical Essays* [1988], Cambridge: Cambridge University Press, 1995 (deutsch auszugsweise in: Frankfurt, Harry G.: *Freiheit und Selbstbestimmung*, hrsg. von Monika Betzler und Barbara Guckes, Berlin: Akademie Verlag, 2001).

Cooper, David E.: *Existentialism: A Reconstruction* [1990], Malden (Mass.): Blackwell, 1999.

McDowell, John: *Geist und Welt* [1994], übersetzt von Thomas Blume u.a., Frankfurt am Main: Suhrkamp, 2001.（『心と世界』、ジョン・マクダウェル著、神崎繁、河田健太郎、荒畑靖宏、村井忠康訳、勁草書房、2012 年）

Hacker, Peter M.S.: *Wittgenstein im Kontext der analytischen Philosophie* [1996], übersetzt von Joachim Schulte, Frankfurt am Main: Suhrkamp, 1997.

Wolff, Jonathan: *An Introduction to Political Philosophy* [1996], Oxford: Oxford University Press, 2006.（『政治哲学入門』、ジョナサン・ウルフ著、坂本知宏訳、晃洋書房、2000 年）

Scanlon, Tim: *What We Owe to Each Other* [1998], Cambridge (Mass.): Belknap Press, 2000.

Darwall, Stephen: *Philosophical Ethics* [1998], Boulder: Westview Press, 1998.

Loux, Michael J.: *Metaphysics. A Contemporary Introduction* [1998], New York: Routledge, 2009.

McDowell, John: *Wert und Wirklichkeit* [1998], übersetzt von Joachim Schulte, Frankfurt am Main: Suhrkamp, 2009.

Beckermann, Ansgar: *Analytische Einführung in die Philosophie des Geistes* [1999], Berlin: de Gruyter, 2008.

Nida-Rümelin, Julian; Schmidt, Thomas: *Rationalität in der praktischen Philosophie* [2000], Berlin: Akademie Verlag, 2000.

Shapiro, Stewart: *Thinking About Mathematics* [2000], Oxford: Oxford University Press, 2000.（『数学を哲学する』、スチュワート・シャピロ著、金子洋之訳、筑摩書房、2012 年）

Bieri, Peter: *Das Handwerk der Freiheit. Über die Entdeckung des eigenen Willens* [2001], München: Hanser, 2006.

Höffe, Otfried: *Gerechtigkeit. Eine philosophische Einführung* [2001], München: Beck, 2010.

Moser, Paul K.; Carson, Thomas L.: *Moral Relativism. A Reader* [2001], Oxford: Oxford University Press, 2001.

Birnbacher, Dieter: *Analytische Einführung in die Ethik* [2003], Berlin: de

Gruyter, 2007.
Bennett, Maxwell R.; Hacker, Peter M.S.: *Die philosophischen Grundlagen der Neurowissenschaften* [2003], übersetzt von Axel Walter, Darmstadt: Wissenschaftliche Buchgesellschaft, 2010.
Swift, Adam: *Political Philosophy. A Beginners' Guide for Students and Politicians* [2006], Cambridge: Polity Press, 2006.（『政治哲学への招待――自由や平等のいったい何が問題なのか？』、アダム・スウィフト著、有賀誠、武藤功訳、風行社、2011 年）
Keil, Geert: *Willensfreiheit* [2007], Berlin: de Gruyter, 2012.
Ernst, Gerhard: *Einführung in die Erkenntnistheorie* [2007], Darmstadt: Wissenschaftliche Buchgesellschaft, 2012.
Ernst, Gerhard: *Die Objektivität der Moral* [2008], Paderborn: Mentis, 2009.
Newen, Albert; Schrenk, Markus A.: *Einführung in die Sprachphilosophie* [2008], Darmstadt: Wissenschaftliche Buchgesellschaft, 2008.
Bromand, Joachim; Kreis, Guido (Hrsg.): *Gottesbeweise von Anselm bis Gödel* [2011], Berlin: Suhrkamp, 2011.

本書は、二〇一四年二月に早川書房より単行本として刊行された『あなたを変える七日間の哲学教室』を改題・文庫化したものです。

シャーロック・ホームズの思考術

MASTERMIND
マリア・コニコヴァ
日暮雅通訳
ハヤカワ文庫ＮＦ

ホームズはなぜ初対面のワトスンがアフガニスタン帰りと推理できたのか？　バスカヴィル家のブーツからなぜ真相を見出だしたのか？　ホームズ物語を題材に名推理を導きだす思考術を、最新の心理学と神経科学から解き明かす。注意力や観察力、想像力をアップさせる脳の使い方を知り、あなたもホームズになろう！

あなたの人生の科学

（上）誕生・成長・出会い
（下）結婚・仕事・旅立ち

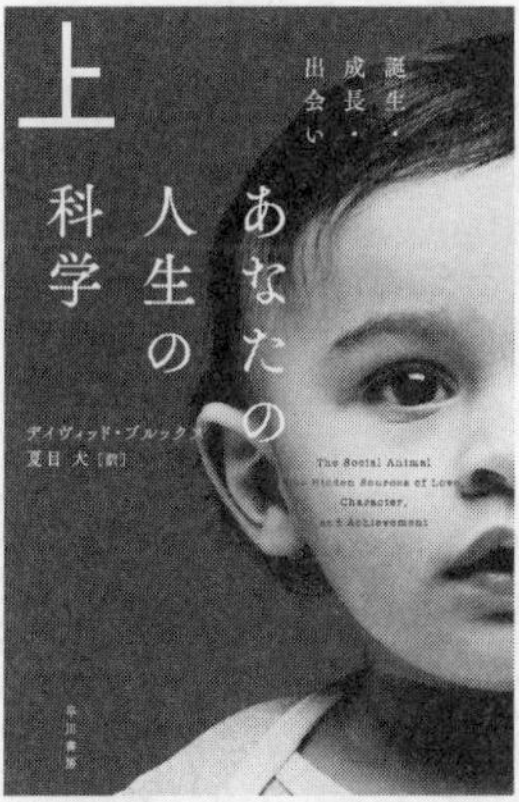

The Social Animal
デイヴィッド・ブルックス
夏目 大 訳
ハヤカワ文庫NF

全米No.1ベストセラー

男女は異性のどこに惹かれる？ IQが高いと年収も高い？ 遺伝子と環境、性格を決めるのは？ ある架空の男女の一生をたどり、意思決定のしくみを先端科学の成果を使い物語風に解明。あなたの人間観を覆す傑作ノンフィクション。（『人生の科学』改題）解説／松原隆一郎

訳者略歴　ドイツ語翻訳家　大阪外国語大学外国語学部地域文化学科卒業　訳書にベルガー『ドイツ帝国の正体』，クルプフル＆コブル『ミルク殺人と憂鬱な夏』（以上早川書房刊）などがある

HM=Hayakawa Mystery
SF=Science Fiction
JA=Japanese Author
NV=Novel
NF=Nonfiction
FT=Fantasy

哲学《てつがく》のきほん
七日間の特別講義

〈NF490〉

二〇一七年三月　十　日　印刷
二〇一七年三月十五日　発行
（定価はカバーに表示してあります）

著　者　ゲルハルト・エルンスト
訳　者　岡《おか》本《もと》朋《とも》子《こ》
発行者　早　川　　浩
発行所　株式会社　早　川　書　房
郵便番号　一〇一 - 〇〇四六
東京都千代田区神田多町二ノ二
電話　〇三 - 三二五二 - 三一一一（大代表）
振替　〇〇一六〇 - 三 - 四七七九九
http://www.hayakawa-online.co.jp

乱丁・落丁本は小社制作部宛お送り下さい。
送料小社負担にてお取りかえいたします。

印刷・三松堂株式会社　製本・株式会社フォーネット社
Printed and bound in Japan
ISBN978-4-15-050490-8 C0110

本書は活字が大きく読みやすい〈トールサイズ〉です。